日本军力报告
（2018）

中国南海研究院·著

时事出版社
北京

图书在版编目（CIP）数据

日本军力报告 .2018/ 中国南海研究院著. ——北京：时事出版社，2019.1
ISBN 978-7-5195-0024-5

Ⅰ. ①日… Ⅱ. ①中… Ⅲ. ①军事实力－研究报告－日本－2018　Ⅳ. ① E313

中国版本图书馆 CIP 数据核字（2018）第 025896 号
审图号：GS（2018）671 号

出 版 发 行：	时事出版社
地　　　　址：	北京市海淀区万寿寺甲 2 号
邮　　　　编：	100081
发 行 热 线：	（010）88547590　88547591
读 者 服 务 部：	（010）88547595
传　　　　真：	（010）88547592
电 子 邮 箱：	shishichubanshe@sina.com
网　　　　址：	www.shishishe.com
印　　　　刷：	北京旺都印务有限公司

开本：787×1092　1/16　印张：6.75　字数：130 千字
2019 年 1 月第 1 版　2019 年 1 月第 1 次印刷
定价：98.00 元

（如有印装质量问题，请与本社发行部联系调换）

写在前面的话（代序）

日本是中国重要的邻国，第二次世界大战后迅速崛起，并一度成为世界第二大经济体。近年来，日本加快调整二战后形成的以"和平宪法"和日美安保体制为基础的"专守防卫"的国防政策，不断在军事能力建设、防卫地理范围、海外用兵等方面突破战后体制安排，以谋求在政治和军事上有更大作为。日本的上述动向及安全战略调整，深刻影响着中国的周边安全环境和世界安全格局。

正是在这一背景下，继 2016 年 12 月出版《美国在亚太地区的军力报告（2016）》以后，中国南海研究院组织国内学术力量，历经近两年时间编写出版了这本《日本军力报告（2018）》。该报告旨在通过对相关公开资料与数据的整理和分析，以学者的视角，本着客观理性的学术精神，向国际社会较为系统和全面地介绍二战后日本防卫政策的形成与演变、军力建设及发展情况、日本在其境内和海外军事基地的部署版图、日美双边军事同盟及其他双边安全合作布局以及中日防务关系的发展等诸多情况，向读者动态并详尽地阐述日本防卫政策的演变过程和未来发展的目标指向。

在过去的数年里，中日关系一度面临邦交正常化以来最为严峻的挑战，两国执法及武装力量在东海及西太平洋地区的频繁相遇，时而带有浓重的对抗色彩，使得冲突摩擦风险陡增。经过两国政府和人民的共同努力，目前中日关系已经回归正常轨道。2018 年是《中日和平友好条约》缔结 40 周年，两国政府领导人时隔 10 年再次实现互访，双边关系重新步入新的发展阶段。与此同时，中日双方在加强安全领域交流与对话、建立有关安全合作机制方面也取得了积极进展。展望未来，中日两国如何审时度势、登高望远，把握人类社会和平友好发展的大方向，以史为鉴，避免重蹈历史覆辙。就当下的安全合作而言，彼此应该共同运用好现有合作机制和平台，推动务实合作、实现良性互动，此举不仅关乎中日两国关系本身，也关乎本地区国家和人民的和平、安宁及福祉。希望本报告能为政府决策和学者研究日本问题起到一定的参考和帮助作用。

是为序。

中国南海研究院院长

2018 年 12 月

目 录

第一章 日本防卫政策演变 … 1
一、二战后的日本防卫政策 … 1
二、冷战结束以来日本防卫政策的调整 … 3

第二章 日本军事力量及部署 … 9
一、国防开支 … 9
二、编制员额 … 12
三、领导指挥体制 … 13
四、力量编成 … 13
五、主要武器装备 … 23
六、军事基地与兵力部署 … 30
七、核潜力 … 36
八、弹道导弹防御（BMD）系统 … 38
九、驻日美军部署 … 43

第三章 日美军事同盟及双边安全合作 … 47
一、日美军事同盟的历史演变（1951～2011） … 47
二、当前日美军事同盟的现状分析 … 51

三、日美军事同盟的发展趋势 · 58

　　四、日本与其他国家的双边安全合作 · 59

　　五、日本与印太战略 · 64

第四章　军事活动 · 65

　　一、严密监控周边海空域 · 65

　　二、持续强化"管控"钓鱼岛 · 73

　　三、演习及训练活动 · 74

　　四、常态化应对弹道导弹行动 · 81

　　五、海外用兵行动 · 82

第五章　中日防务关系 · 89

　　一、现有的中日安全交流与对话机制 · 89

　　二、一段时期以来的中日海空危险互动 · · · · · · · · · · · · · · · · · · 95

　　三、中日海空联络机制在推动两国防务关系中的积极作用 · · · · 97

　　四、中日防务关系当前面临的障碍及未来展望 · · · · · · · · · · · · 98

第一章
日本防卫政策演变

日本是第二次世界大战的战败国。受战后体制的限制和国内和平主义思潮的影响，日本确立了以"和平宪法"和日美安保体制为基础的"专守防卫"政策。20世纪70年代末80年代初以来，随着日本国内和国际形势的变化，为谋求在政治和军事上拥有更大作为，日本逐步对"专守防卫"政策进行调整，不断突破战后体制安排对于其军事能力建设、防卫地理范围、海外用兵等方面的限制。2012年底安倍晋三再度出任首相后，日本加快推进修改"和平宪法"，解禁集体自卫权，试图加速朝重建军事大国的目标迈进。

一、二战后的日本防卫政策

1945年8月，日本接受《波茨坦公告》，宣布无条件投降。根据该公告，日本军队完全解除武装，日本不得保存可供重新武装作战的工业[1]。为维护战后世界和平，国际社会对日本的军事力量建设、武力使用等作出限制性安排。惨痛的战争经历也在日本国民中滋生了和平主义的土壤。在美国的推动和主持下，日本于1946年11月制定、公布了《日本国宪法》（又称"和平宪法"，1947年5月3日正式实施）。"和平宪法"第九条规定，日本永远放弃以国权发动的战争、武力威胁或武力行使作为解决国际争端的手段；不保持陆海空军及其他战争力量；不承认国家的交战权。[2] 日本由此逐步确立了"按照《国家安全保障战略》和《防卫计划大纲》，在'和平宪法'下，贯彻专守防卫，遵

---

[1] 《波茨坦公告》，中华人民共和国外交部，http://www.fmprc.gov.cn/nanhai/chn/zcfg/t1367519.htm.
[2] 《日本国宪法》，日本驻华大使馆，1946年11月3日公布，1947年5月3日施行，http://www.cn.emb-japan.go.jp/fpolicy/kenpo.htm.

从不成为威胁他国的军事大国的基本理念,坚持日美安保体制,确保文民统制,遵守'无核三原则',高效整备具有高度实效性的综合性防卫力量"[1]的防卫政策。

依靠日美安全保障体制。二战结束后,日本与美国建立了联合安保体制。1951年9月,日美在旧金山签署《安全保障条约》,正式建立军事同盟关系,将保卫日本的责任交由美国承担,规定美国"在日本国内及周围驻扎武装部队,以防止对日本的武装进攻""日本亦逐步增加承担对直接和间接侵略的自卫责任"[2]。1954年,日本分别组建了陆上、海上和航空自卫队,重新构建起陆、海、空军事力量体系。1960年1月,日美签订《共同合作与安全保障条约》,规定"共同防御"对日本施政下领土的武力进攻[3]。

贯彻"专守防卫"政策理念。"专守防卫"政策的初衷要求保持最低限度的"基础防卫力量",禁止海外派兵。冷战开始后,特别是朝鲜战争爆发后,日本在美国的扶植下开始重新武装,成立自卫队。1954年日本参议院依据"和平宪法",通过《禁止自卫队海外行动决议》,规定"在自卫队成立之际,鉴于宪法条款和日本人民爱好和平的精神,本院再次确认自卫队不得实施海外行动"[4]。1970年,日本在首份《防卫白皮书》中提出,"专守防卫"就是"遵守宪法,贯彻本土防卫"。据此,日本所拥有的防卫力量及其行使均"仅限于自卫所需的必要的最小限度之内""不能持有会对他国形成侵略威胁的武器,如B-52远程轰炸机、攻击型航母、洲际弹道导弹等"[5]。1967年,日本首相佐藤荣作提出"无核三原则",即日本"不制造、不拥有、不运进"核武器。1970年和1976年的《防卫白皮书》明确提出,执行"专守防卫"意味着日本不

---

[1] 日本防衛省:『防衛政策の基本』、http://www.mod.go.jp/j/approach/agenda/seisaku/kihon03.html。
[2] 『日本国とアメリカ合衆国との間の安全保障条約』、1951年9月8日作成、1952年4月28日発効、日本政治・国際関係データベース、http://worldjpn.grips.ac.jp/documents/texts/docs/19510908.T2J.html。
[3] 『日本国とアメリカ合衆国との間の相互協力及び安全保障条約』、日本外務省、1960-1-19、http://www.mofa.go.jp/mofaj/area/usa/hosho/pdfs/jyoyaku.pdf。
[4] 清水隆雄:『自衛隊の海外派遣』、シリーズ憲法の論点⑦、2005年3月。
[5] 日本防衛省:『昭和45年版防衛白書』、1970年、http://www.clearing.mod.go.jp/hakusho_data/1970/w1970_02.html。

能进行海外派兵①，否则即超越"和平宪法"规定的自卫范围②。1985年，日本政府依据"专守防卫"原则提出"自卫权发动三条件"，即本国受到急迫不正当的侵害；完全没有其他防御手段；武力行使仅限于最小必要限度③。

禁止行使集体自卫权。根据《联合国宪章》，任何会员国都有权行使集体自卫权，即与本国关系密切的国家遭受其他国家武力攻击时，无论自身是否受到攻击，都有使用武力进行干预和阻止的权利。日本根据"和平宪法"，放弃了行使集体自卫权的权利。1972年10月，日本政府在众议院表明立场，"日本虽拥有集体自卫权，但其行使超出和平宪法对自卫措施的限制，因而不能获得允许。"④日本政府在1978年《防卫白皮书》中提出，"同盟国的国土、国民被侵略时行使集体自卫权，是违背宪法的""美国本土及美军在日本以外地区遭受攻击时，日本不负有防卫义务，根据宪法解释，日本不能行使集体自卫权"⑤。

二、冷战结束以来日本防卫政策的调整

经过多年的不断调整，日本防卫政策实质上已背离"专守防卫"的初衷。20世纪80年代以来，日本提出在安全和经济领域做出国际贡献的"国际国家""正常国家"理念，开始不断在防卫地理范围、集体自卫权、军事能力建设、海外用兵等方面突破战后体制安排，谋求与经济大国地位相匹配的政治和军事大国地位。2013年12月，日本在首部《国家安全保障战略》中进一步提出基于国际合作原则的"积极和平主义"理念。日本政府认为，"国际力

---

① 日本防卫省：『昭和45年版防衛白書』、1970年、http://www.clearing.mod.go.jp/hakusho_data/1970/w1970_02.html。
② 日本防卫省：『昭和51年版防衛白書』、1976年、http://www.clearing.mod.go.jp/hakusho_data/1976/w1976_02.html。
③ 『武力攻撃に至らない侵害に対する措置（参考資料）』、日本首相官邸、2014-9-8、http://www.kantei.go.jp/jp/singi/anzenhosyou2/dai6/siryou2.pdf。
④ 日本防卫省：『平成23年版防衛ハンドブック』、朝雲新聞社、2011年、665–666ページ。
⑤ 日本防卫省：『昭和53年版防衛白書』、1978年、http://www.clearing.mod.go.jp/hakusho_data/1978/w1978_02.html；http://www.clearing.mod.go.jp/hakusho_data/1978/w1978_03.html。

量平衡正在发生变化""日本目前所处的安全保障环境愈发严峻"①。在此背景下,日本加快了修改"和平宪法"、摆脱战后体制、"夺回强大日本"的步伐。2017年5月3日,日本首相安倍晋三在"和平宪法"70周年纪念日公开表示,日本将修改"和平宪法"第九条,增加自卫队合法的内容,并强调希望在2020年实施新宪法②。安倍晋三表示:"修宪是建党以来党的重要事业"③。2018年9月,他在连任党首后宣布将修改宪法,创造新日本④。

防卫范围逐步由本土向周边和全球扩展。冷战结束以后,日本更加注重防范朝鲜的核、导威胁和"有些国家""扩充军备和现代化建设"⑤。日本政府在1995年《防卫计划大纲》中提出,自卫队可对"周边事态",即周边地区发生的可能影响日本安全与稳定的事态采取措施。在1997年修订的日美《防卫合作指针》中,日美安保合作重点从"日本有事"扩展至"日本周边有事"。日本还表示"周边事态"不是地理概念,而是取决于事态性质⑥。1999年5月,日本通过《周边事态法案》,明确周边发生对日本安全与和平产生重大影响的事态时,自卫队可为美军行动提供物资、劳务等支援措施,并根据事态性质在合理、必要限度内使用武器。

2015年4月,日美出台新的《防卫合作指针》,提出建设"具有全球属性"的日美同盟,"同盟应处置严重影响日本和平与安全的事态,这种'事态'不能用地理范围来限定"⑦。同年7月和9月,日本众议院和参议院先后通过由

---

① 『国家安全保障戦略について』、日本防衛省、2013-12-17、http://www.mod.go.jp/j/approach/agenda/guideline/pdf/security_strategy.pdf,日本防衛省:『平成26年度以降に係る防衛計画の大綱について』、2013-12-17、http://www.mod.go.jp/j/approach/agenda/guideline/2014/pdf/20131217.pdf。

② 『憲法改正「2020年に施行したい」首相がメッセージ』、朝日新聞、2017-5-3、http://www.asahi.com/articles/ASK534KF0K53UTFK002.html。

③ 『安倍首相「憲法改正案、次の国会に」山口県で講演』、毎日新聞、2018-8-12、https://mainichi.jp/articles/20180813/k00/00m/010/063000c。

④ 『安倍首相「憲法改正に挑戦、新しい国造りを」』、毎日新聞、2018-9-20、https://mainichi.jp/articles/20180921/k00/00m/010/090000c。

⑤ 日本防衛省:『平成8年度以降に係る防衛計画の大綱』、1995-11-28、http://www.mod.go.jp/j/approach/agenda/guideline/1996_taikou/dp96j.html。

⑥ 日本防衛省:『日米防衛協力のための指針』、1997-9-23、http://www.mod.go.jp/j/presiding/treaty/sisin/sisin.html。

⑦ 日本防衛省:『日米防衛協力のための指針』、2015-4-17、http://www.mod.go.jp/j/approach/anpo/shishin/shishin_20150427j.html。

11部法律组成的"新安保法案",包括将《周边事态法案》修订为《重要影响事态法案》,正式去除了军事活动地理范围上的"周边"限制。《和平安全法制修正法案》则规定,自卫队可被派遣到全球任何地方,支援对象不限于美国,行使武力的条件不再以受到直接攻击为限①。

推动解禁"集体自卫权"。日本虽声称放弃行使集体自卫权,但长期以来从未停止解禁"集体自卫权"的努力。进入21世纪后,日本国内开始谋求通过修改宪法和"宪法解释",解禁"集体自卫权"。2014年7月,日本政府临时内阁会议通过"行使集体自卫权的宪法解释"决议案,大幅调整1985年的"自卫权发动三条件",提出新的"武力行使三条件":日本遭到武力攻击,或与日本关系密切国家遭到武力攻击,威胁到日本的存亡,从根本上对日本国民的生命、自由和追求幸福的权利构成明确危险;为保护国家和国民,没有其他适当手段可以排除上述攻击;武力行使限于必要最小限度②。上述条件将"与日本关系密切国家受到攻击"作为行使武力的条件,从而为"集体自卫权"的行使开了口子。

2015年日美新《防卫合作指针》允许自卫队行使集体自卫权后,随后出台的由11部法律组成的"新安保法"进一步规定当出现日本"存亡危机事态"时,即使日本未直接遭受攻击,也可行使集体自卫权,对他国行使武力,但武力行使限于必要最小限度③。"新安保法"于2016年3月29日起正式实施,意味着日本从国内立法上为自卫队有条件地行使集体自卫权进行了解绑,实质架空了"和平宪法"第九条,迈出突破战后体制的重要一步。

---

① 内閣官房・内閣府・外務省・防衛省、『「平和安全法制」の概要』、内閣官房、http://www.cas.go.jp/jp/gaiyou/jimu/pdf/gaiyou-heiwaanzenhousei.pdf。

② 『国の存立を全うし、国民を守るための切れ目のない安全保障法制の整備について』の一問一答、内閣官房、http://www.cas.go.jp/jp/gaiyou/jimu/anzenhoshouhousei.html。

③ 『重要影響事態に際して我が国の平和及び安全を確保するための措置に関する法律（平成十一年法律第六十号）』、平成二十七年九月三十日公布（平成二十七年法律第七十六号）改正、電子政府の総合窓口、http://elaws.e-gov.go.jp/search/elawsSearch/elaws_search/lsg0500/detail?lawId=411AC0000000060&openerCode=1；『武力攻撃事態等及び存立危機事態における我が国の平和と独立並びに国及び国民の安全の確保に関する法律（平成十五年法律第七十九号）』、平成二十七年九月三十日公布（平成二十七年法律第七十六号）改正、電子政府の総合窓口、http://elaws.e-gov.go.jp/search/elawsSearch/elaws_search/lsg0500/detail?lawId=415AC0000000079&openerCode=1；『新法制で何ができる？　さまざまな「事態」ごとに整理しました』、産経ニュース、2015-9-17、http://www.sankei.com/politics/news/150917/plt1509170083-n1.html。

发展超出自卫所需的军事能力。随着冷战结束，日本不断制定、修改军事力量建设的法律法规，大力发展远程武器装备，逐步建立起更具威慑力的军事力量体系，扩展自卫队的职能，实质上已超出自卫需要。军事能力建设从应对小规模军事入侵的"基础防卫力量构想"，发展为建设有效威慑和应对各种事态的"联合机动防卫力量"。

1995年制定的日本《防卫计划大纲》将自卫队的主要职能由"抵御入侵"扩展为"保卫日本""应付大规模灾害"和"为国际和平做贡献"[1]。2010年12月制定的《防卫计划大纲》放弃"基础防卫力量构想"，提出建设具备快速反应能力、机动性、灵活性、持续性以及多功能性的"机动防卫力量"，"更加有效遏制和应对各种不测事态，进一步稳定亚太地区安全环境，能动改善全球安全环境"[2]。日本政府于2013年12月再次制定《防卫计划大纲》，提出建设"联合机动防卫力量"，全面提升自卫队能力，要求自卫队"慑止和应对"包括非战非和的"灰色区间"事态在内的各种事态以及在周边海空域、岛礁、太空、网络空间等存在的威胁[3]。近年日本自卫队部署了"出云"级准航母、F-35战斗机、"鱼鹰"运输机、P-1反潜机等大型远程武器装备，提升进攻作战和远程投送能力。日本国内甚至还出现解除核武发展限制的声音。2015年8月6日，安倍首相在广岛市举行的原子弹爆炸70周年纪念活动上发表的例行讲话没有提及"无核三原则"。日本防务大臣稻田朋美2016年8月在记者会上被问及以前曾提出"将来要拥核"一事时，称"宪法上未就必要的最小限度的武器做出规定……我认为现阶段不应该探讨这个问题"[4]，未做明确表态。安倍在之后称稻田的发言与政府方针并不矛盾[5]。

---

[1] 日本防衛省：『平成8年度以降に係る防衛計画の大綱』、1995-11-28、http://www.mod.go.jp/j/approach/agenda/guideline/1996_taikou/dp96j.html。

[2] 日本防衛省：『平成23年度以降に係る防衛計画の大綱について』、2010-12-17、http://www.mod.go.jp/j/approach/agenda/guideline/2011/taikou.html。

[3] 日本防衛省：『平成26年度以降に係る防衛計画の大綱について』、2013-12-17、http://www.mod.go.jp/j/approach/agenda/guideline/2014/pdf/20131217.pdf。

[4] 『稲田防衛相、核保有「憲法上、限定ない」政府見解踏襲』、朝日新聞、2016-8-5、http://www.asahi.com/articles/ASJ855VLXJ85UTFK00K.html?iref=pc_extlink。

[5] 『稲田防衛相の核巡る発言、首相「政府方針と矛盾しない」』、朝日新聞、2016-8-6、http://www.asahi.com/articles/ASJ863RZCJ86ULFA001.html。

突破海外派兵限制。从20世纪90年代开始，日本政府利用参与联合国维持和平行动、反对恐怖主义、打击索马里海盗等机会，通过修改宪法解释、制定专门法律等方式，逐步突破"和平宪法"早期对于海外用兵的自我限制。1991年，日本以协助海湾战争善后为名，将海上自卫队扫雷艇开进波斯湾[①]，实现二战后自卫队首次海外派兵。1992年6月，日本通过《联合国维持和平活动合作法》[②]，并据此向柬埔寨等国派出维和部队[③]。2001年"9·11"事件和美国发动阿富汗战争后，日本于同年10月通过《反恐特别措施法》[④]，并根据该法案向印度洋派出护卫舰和补给舰[⑤]。2009年日本首次以"海上警备行动"名义向海外派遣自卫队；并通过了《反海盗法》，明确在"必要的限度内，可对海盗行为实施者使用武器"。2011年日本在吉布提建立了二战结束以来的首个海外军事基地，并在该基地部署了P-3C反潜侦察机。

总之，不少国际问题分析人士认为，日本的所作所为有挑战战后国际秩序之嫌。日本在战后没有放弃修改"和平宪法"、解禁集体自卫权的努力。日本自卫队的防卫地理范围、武力使用条件、军力建设规模也都早已超出了"专守防卫"实际所需。

[①] 日本防衛省：『平成3年版防衛白書』、1991年、http://www.clearing.mod.go.jp/hakusho_data/1991/w1991_03.html。

[②] 『国際連合平和維持活動等に対する協力に関する法律』、法律第七十九号、1992-6-19、衆議院、http://www.shugiln.go.jp/internet/itdb_housei.nsf/html/houritsu/12319920619079.htm。

[③] 『カンボジア国際平和協力業務（1992（平成4）年～1993（平成5）年）』、内閣府国際平和協力本部事務局（PKO）、http://www.pko.go.jp/pko_j/result/cambo/cambo02.html。

[④] 『テロ対策措置法案』、首相官邸、2001-10-5、http://www.kantei.go.jp/jp/kakugikettei/2001/1005terohouan.html。

[⑤] 日本防衛省：『平成14年版防衛白書』、2002年、http://www.clearing.mod.go.jp/hakusho_data/2002/column/frame/ak143001.htm。

第二章
日本军事力量及部署

2012年年底以来，日本政府持续增加军费投入，大力发展大型远程武器装备，重点提升海空作战、导弹防御、岛屿攻防等作战能力，不断加强西南方向军力部署，加速推进扩军备战步伐，努力构筑既能保卫日本又能实施海外军事行动的军事力量体系。

一、国防开支

日本防卫省在2019年度预算的概算要求中提出5万亿日元（约合444亿美元）以上的申请，日本防卫相关费用在安倍政权下连续5年增长[1]。2019年度日本防卫预算为52987亿日元（约合465.4亿美元，含美军整编费等）。其中，防卫费52926亿日元（人事口粮费和物件费分别占41.3%和58.7%），政府专机采购费61亿日元[2]。

除防卫省公布的防卫预算外，还有部分追加的补充预算。其中，2012~2018年度分别追加1615.51亿日元（约合14.4亿美元）、2124亿日元（约合18.9亿美元）、1197亿日元（约合10.6亿美元）、2110亿日元（约合18.7亿美元）、1706亿日元（约合15.05亿美元）、2345亿日元（约合21.3亿美元）[3]、547亿日元（约合4.8亿美元）[4]。因此，实际国防开支超过公布的防卫预算额（见表1）。

---

[1] 日本防卫省：『我が国の防衛と予算——平成31年度概算の概要』，http://www.mod.go.jp/j/yosan/2019/setsumei.pdf。
[2] 日本防卫省：『我が国の防衛と予算——平成31年度概算の概要』，http://www.mod.go.jp/j/yosan/2019/setsumei.pdf。
[3] 见防卫省网站各年度防卫预算概要及补充预算概要，http://www.mod.go.jp/j/yosan/yosan.html。
[4] 见防卫省网站各年度防卫预算概要及补充预算概要，http://www.mod.go.jp/j/yosan/yosan.html。

表1 2010~2018年度日本防卫预算①、增长率②及占国内生产总值（GDP）比例③

年度	防卫预算（亿日元）	比上年度增长（%）	占国内生产总值比例（%）*
2010	46826 (47903) [47903]	-0.4 (0.3) [0.3]	0.985 (1.008) [1.008]
2011	46625 (47752) [47752]	-0.4 (-0.3) [-0.3]	0.964 (0.987) [0.987]
2012	46453 (47138) [48753.51]	-0.4 (-1.3) [2.1]	0.969 (0.983) [1.017]
2013	46804 (47538) [49662]	0.8 (0.8) [1.9]	0.960 (0.975) [1.018]
2014	47838 (48484) [49681]	2.2 (2.8) [0.04]	0.956 (0.969) [0.993]
2015	48221 (49801) [51911]	0.8 (2.0) [4.5]	0.955 (0.986) [1.028]
2016	48607 (50541) [52247]	0.8 (1.5) [0.06]	0.937 (0.974) [1.007]
2017	48996 (51251) [53596]	0.8 (1.4) [1.0]	0.885 (0.926) [1.018]
2018	49388 (51911) [52458]	0.8 (1.3) [-2.1]	0.875 (0.920) [0.930]

注：第一行数据是日本年度防卫费；第二行"（）"中数据是包括美军驻日基地费（SACO相关费）和美军整编费中日本政府为减轻当地负担而支出的费用及政府专机采购费在内的防卫费；"[ ]"中数据是"（）"中数据计入追加预算后的总国防开支。

* 1976年11月5日，日本三木武夫内阁决议《关于当前的防卫力量整备》，规定国防开支不能超过国民生产总值（GNP）的1%。参见：第76次国会众议院决算委员会会议录第2号，1975年11月13日。1987年中曾根内阁废止了三木内阁决议。参见：1987年度预算对《关于当前的防卫力量整备》（1976年11月5日）的处理及官房长官谈话。网址：www.dearing.mod.go.jp/hakusho_data/1987/w1987_9138.html。

---

① 日本防衛省：『平成28年版防衛白書』、2016年、ページ191。日本防衛省：『平成30年版防衛白書』、2018年、ページ463。"[ ]"中数据根据日本2016年度防卫白皮书第191页和防卫省网站各年度防卫与预算概要及补充预算概要统计。

② 日本防衛省：『我が国の防衛と予算——平成30年度概算の概要』、http://www.mod.go.jp/j/yosan/2018/gaison.pdf。

③ 『防衛ハンドブック2018』、朝雲新聞社、2018年、ページ280。根据追加后的实际防卫预算与《防卫手册2018》第280页数据统计。

表2 2010~2018年度日本防卫预算

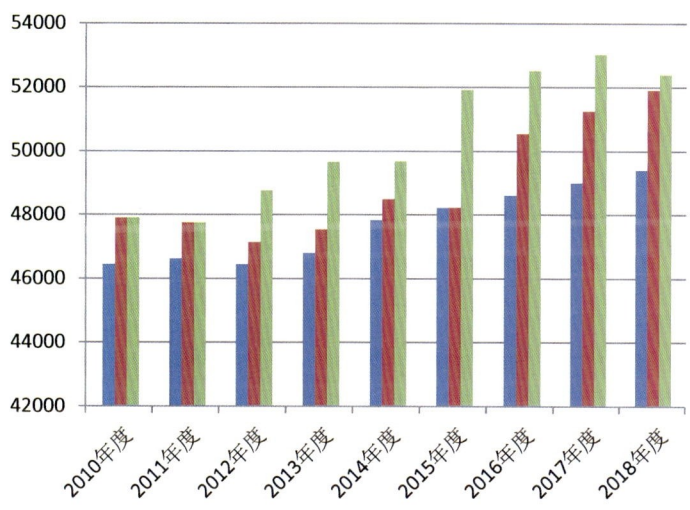

表3 2010~2018年度日本防卫预算增长率

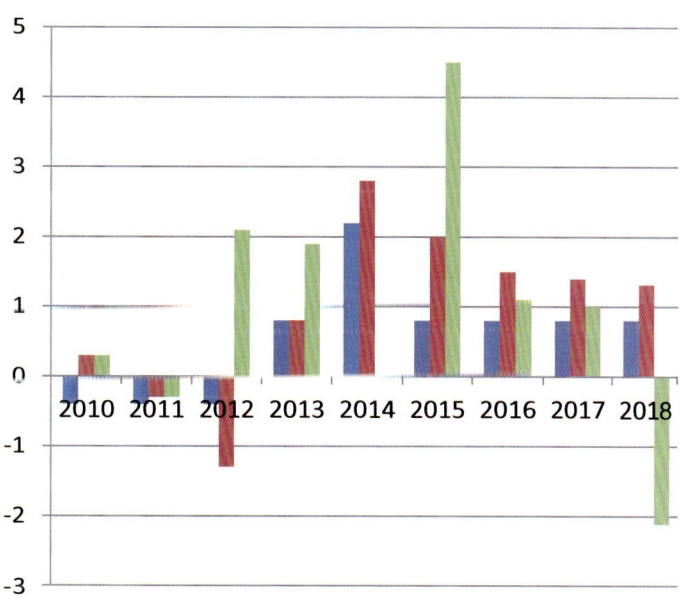

二、编制员额

日本军事力量由现役兵力、文职人员、应急预备役和预备役组成。2019年末，计划编制员额为247154人，文职人员21036人，合计为268190人。应急预备役编制员额7981人，一般预备役47900人，候补预备役4621人[1]。根据《2014年度以后的防卫计划大纲》的规划，日本陆上自卫队未来规模将达到15.9万人，其中现役15.1万人，应急预备役8000人，海上和航空自卫队人数基本保持现有规模[2]。

表4 2019年度末日本自卫队计划编制员额[3]

类别	人数	预算编制	实有人数
现役	陆上自卫队	150777	140155
	海上自卫队	45356	42499
	航空自卫队	46923	43659
	共同部队	1350	
	联合参谋部	376	
	情报本部	1918	
	防卫装备厅*	406	
	内部部局	48	
	计	247154	
文职		21036	
合计		268190	

* 2015年新设防卫装备厅，同时撤销技术研究本部和装备设施本部。编制约1800人，其中现役400人，文职1400人。

---

[1] 日本防衛省：『我が国の防衛と予算——平成31年度概算の概要』、http://www.mod.go.jp/j/yosan/2019/gaisan.pdf。

[2] 日本防衛省：『平成26年度以降に係る防衛計画の大綱について』、2013-12-17、http://www.mod.go.jp/j/approach/agenda/guideline/2014/pdf/20131217.pdf。

[3] 日本防衛省：『我が国の防衛と予算——平成31年度概算の概要』、http://www.mod.go.jp/j/yosan/2019/gaisan.pdf。

表5 2018年度预备役编制员额[①]

类别	人数	编制员额	实有人数（2016年）
应急预备役	陆上自卫队	8075	4402
一般预备役	陆上自卫队	46000	32062
	海上自卫队	1100	528
	航空自卫队	800	552
	计	55975	37544
候补预备役	陆上自卫队	4600	
	海上自卫队	21	
	计	4621	

三、领导指挥体制

日本的军事力量主要由统帅机构、机关和陆上、海上、航空自卫队构成。统帅机构包括内阁总理大臣和内阁会议、国家安全保障会议、防卫省、联合参谋部及各军种参谋部（见表6）。

四、力量编成

陆上自卫队现编有陆上总队和北部、东北、东部、中部、西部5个方面队及其他直辖部队和机关，主要部队为9个师、6个旅、5个混成旅等。其中，第7（装甲）师为机动作战部队，其余8个师和6个旅为平时固定部署部队。陆上总队统领陆上自卫队5个方面队，其直辖部队由新编的"两栖机动旅"（日称"水陆机动团"）和原中央快反集团（已撤编）所属的第1空降旅、特种作战群、第1直升机旅、中央快速反应团等快速机动部队组成。海上自卫队由联合舰队（日本称"自卫舰队"）、5个地方队、教育航空集团和练习舰队等组成。联合舰队担负海上机动作战任务，下辖护卫舰队、潜艇舰队、航空集团和扫雷队群及其他直属部队。地方队担负近海防御任务，横须贺、吴

---

① 『防衛ハンドブック2018』、朝雲新聞社、2018年3月、ページ196；日本防衛省：『我が国の防衛と予算——平成30年度概算の概要』、http://www.mod.go.jp/j/yosan/2018/gaisan.pdf。

（港）、佐世保、舞鹤、大凑5个地方队分别负责守备5个警备区。航空集团是联合舰队的岸基航空兵部队，下辖17个航空队，主要任务是承担日本周边海域的空中巡逻、警戒、港口和海峡防御、海上救护、协同舰艇部队实施反潜、护航、扫雷等作战行动。航空自卫队由航空总队、航空支援集团、航空教育集团、航空开发实验集团及其他直属部队等组成，担负防空作战任务的一线作战力量，下辖北部、中部、西部和西南4个航空方面队及警戒航空队、侦察航空队等其他直辖部队，共有6个战斗航空团。西南航空方面队新编第9航空团后，航空总队的战斗航空团由6个增加到7个（见表7、8、9）。

表6 日本军事指挥系统

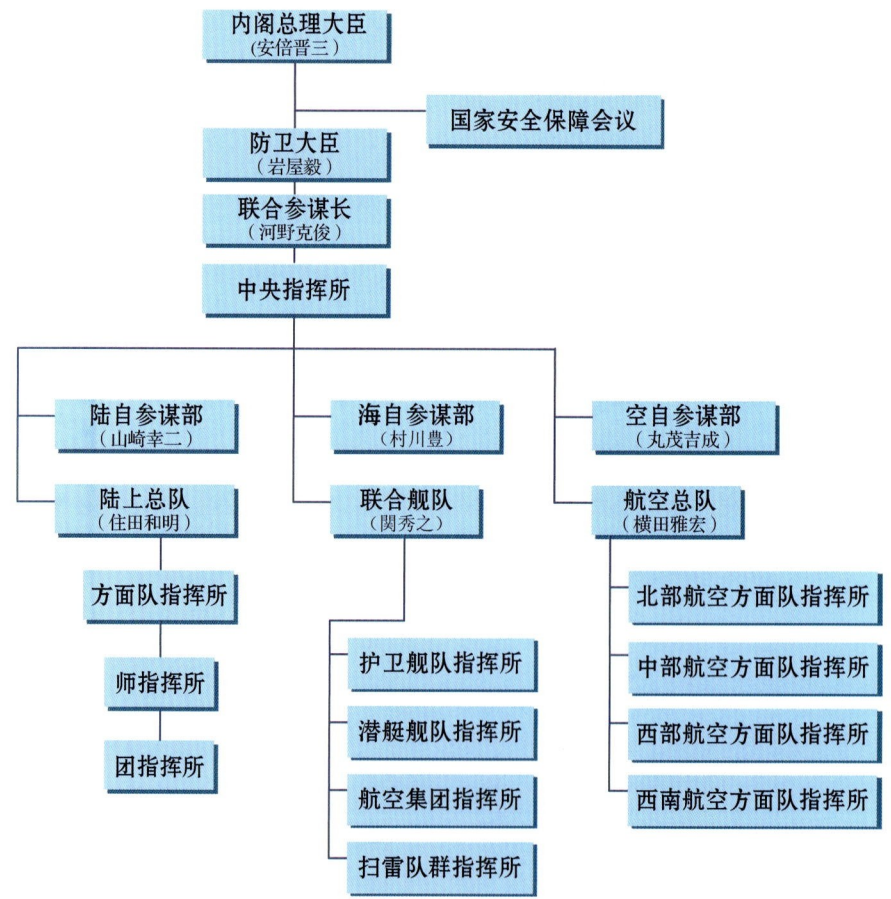

第二章 | 日本军事力量及部署

表7 陆上自卫队编成（2018年3月）[1]

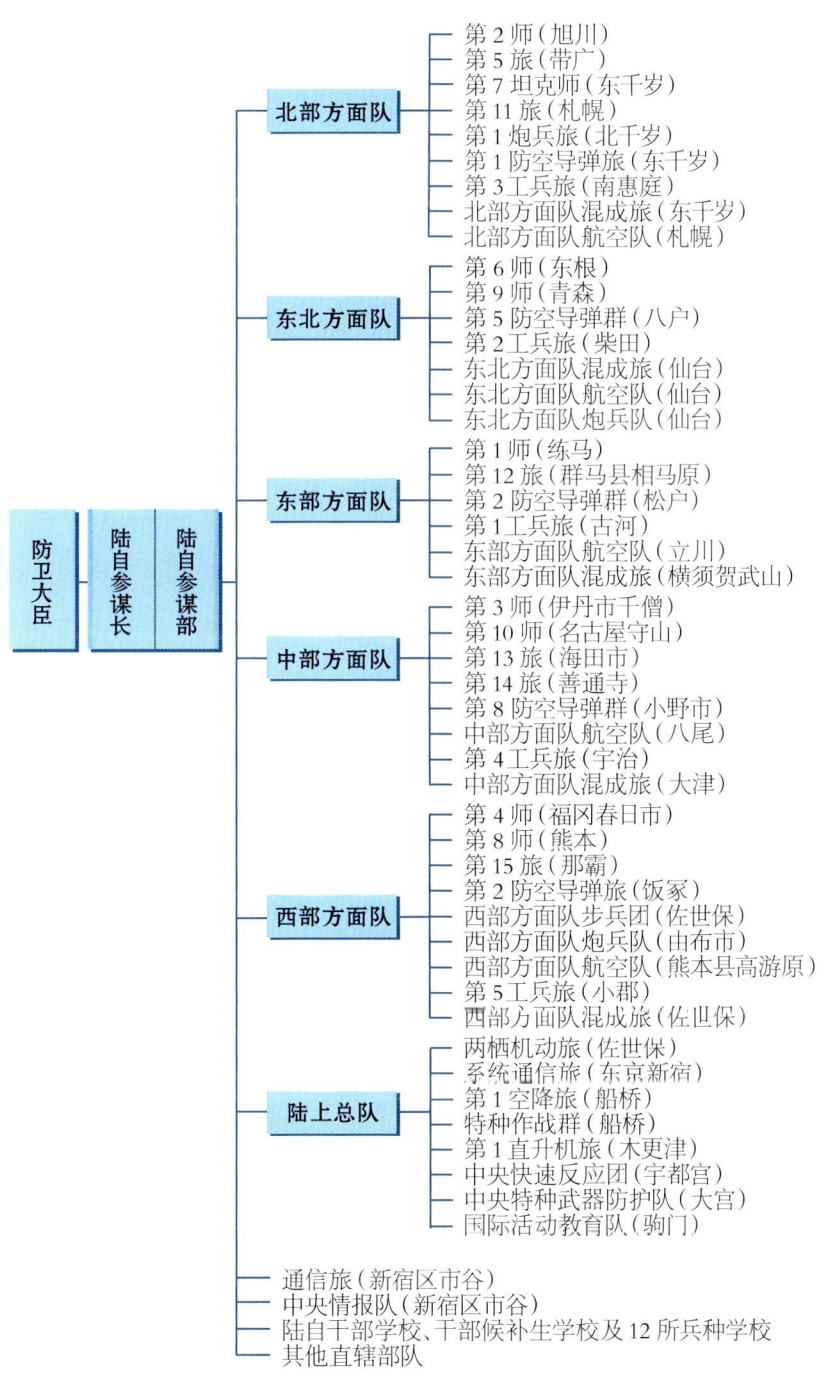

[1] 『防衛ハンドブック2018』、朝雲新聞社、2018年3月、ページ178～183。

表8 海上自卫队编成（2018年3月）①

```
防卫大臣 ── 海自参谋长 ── 海自参谋部
  │
  ├─ 联合舰队
  │    ├─ 联合舰队司令部（横须贺）
  │    ├─ 护卫舰队
  │    │    ├─ 护卫舰队司令部（横须贺）
  │    │    ├─ 第1护卫队群（横须贺）
  │    │    ├─ 第2护卫队群（佐世保）
  │    │    ├─ 第3护卫队群（舞鹤）
  │    │    ├─ 第4护卫队群（吴）
  │    │    └─ 海上训练指导队群（横须贺）
  │    ├─ 航空集团
  │    │    ├─ 航空集团司令部（绫濑）
  │    │    ├─ 第1航空群（鹿屋）
  │    │    ├─ 第2航空群（八户）
  │    │    ├─ 第4航空群（绫濑）
  │    │    ├─ 第5航空群（那霸）
  │    │    ├─ 第21航空群（馆山）
  │    │    ├─ 第22航空群（大村）
  │    │    ├─ 第31航空群（岩国）
  │    │    ├─ 第51航空队（绫濑）
  │    │    ├─ 第61航空队（绫濑）
  │    │    ├─ 第111航空队（岩国）
  │    │    ├─ 航空管制队（绫濑）
  │    │    └─ 机动设施队（八户）
  │    ├─ 潜艇舰队
  │    │    ├─ 潜艇舰队司令部（横须贺）
  │    │    ├─ 第1潜艇队群（吴）
  │    │    ├─ 第2潜艇队群（横须贺）
  │    │    ├─ 第1练习潜艇队（吴）
  │    │    └─ 潜艇教育训练队（吴）
  │    ├─ 扫雷队群（横须贺）
  │    ├─ 开发队群（横须贺）
  │    ├─ 情报业务队群（横须贺）
  │    └─ 海洋业务与反潜支援群（横须贺）
  ├─ 横须贺地方队（横须贺）
  ├─ 吴地方队（吴）
  ├─ 佐世保地方队（佐世保）
  ├─ 舞鹤地方队（舞鹤）
  ├─ 大凑地方队（大凑）
  ├─ 教育航空集团
  ├─ 练习舰队（吴）
  ├─ 系统通信队群（东京都新宿区）
  ├─ 海自干部学校、干部候补生学校及4所技术学校
  └─ 其他防卫大臣直辖部队
```

---

① 『防衛ハンドブック2018』、朝雲新聞社、2018年3月、ページ184～185。

表9 航空自卫队编成（2018年3月）[1]

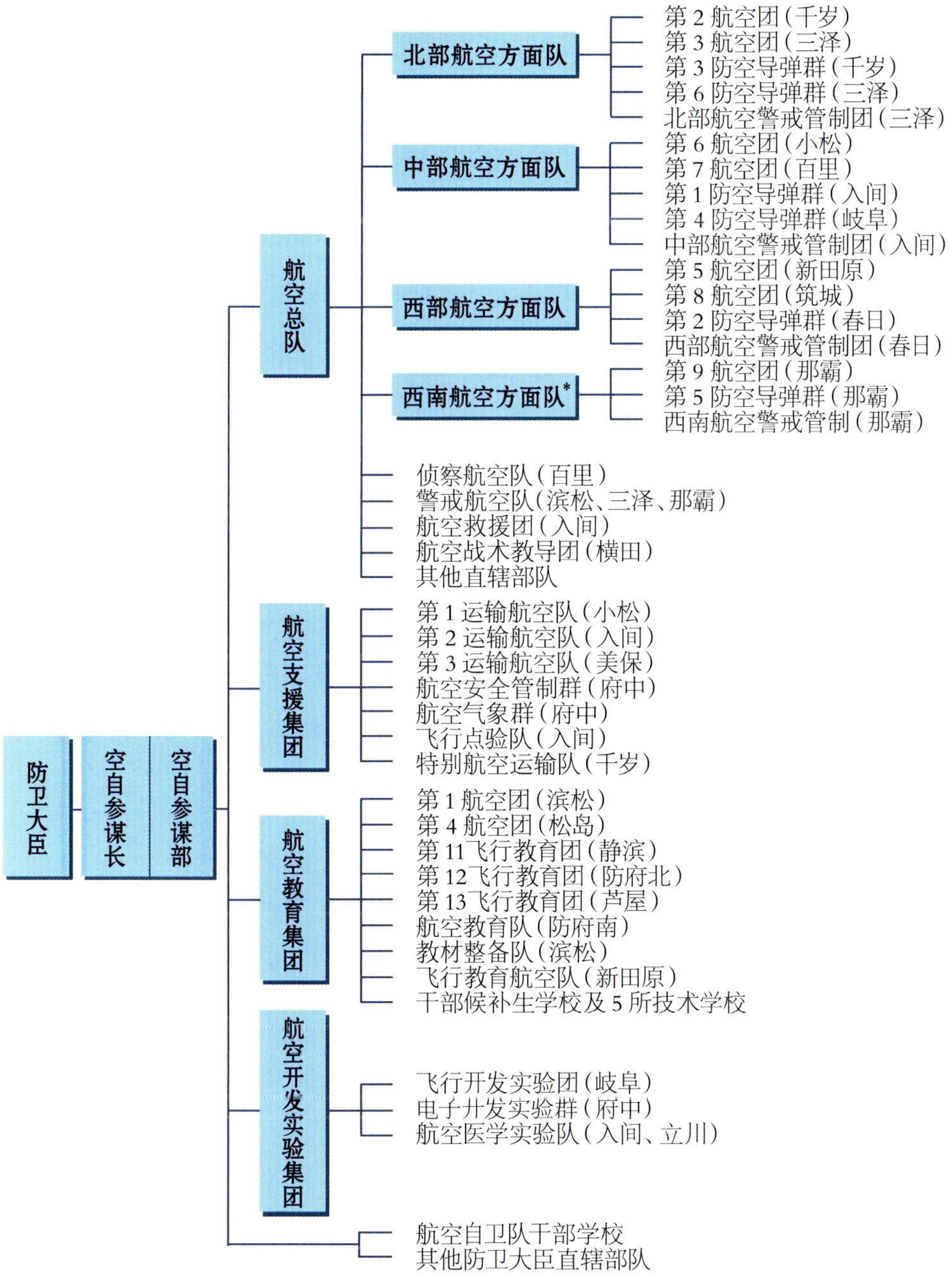

```
防卫大臣 ── 空自参谋长 ── 空自参谋部
                        ├── 航空总队
                        │     ├── 北部航空方面队
                        │     │     ├── 第2航空团（千岁）
                        │     │     ├── 第3航空团（三泽）
                        │     │     ├── 第3防空导弹群（千岁）
                        │     │     ├── 第6防空导弹群（三泽）
                        │     │     └── 北部航空警戒管制团（三泽）
                        │     ├── 中部航空方面队
                        │     │     ├── 第6航空团（小松）
                        │     │     ├── 第7航空团（百里）
                        │     │     ├── 第1防空导弹群（入间）
                        │     │     ├── 第4防空导弹群（岐阜）
                        │     │     └── 中部航空警戒管制团（入间）
                        │     ├── 西部航空方面队
                        │     │     ├── 第5航空团（新田原）
                        │     │     ├── 第8航空团（筑城）
                        │     │     ├── 第2防空导弹群（春日）
                        │     │     └── 西部航空警戒管制团（春日）
                        │     ├── 西南航空方面队*
                        │     │     ├── 第9航空团（那霸）
                        │     │     ├── 第5防空导弹群（那霸）
                        │     │     └── 西南航空警戒管制（那霸）
                        │     ├── 侦察航空队（百里）
                        │     ├── 警戒航空队（滨松、三泽、那霸）
                        │     ├── 航空救援团（入间）
                        │     ├── 航空战术教导团（横田）
                        │     └── 其他直辖部队
                        ├── 航空支援集团
                        │     ├── 第1运输航空队（小松）
                        │     ├── 第2运输航空队（入间）
                        │     ├── 第3运输航空队（美保）
                        │     ├── 航空安全管制群（府中）
                        │     ├── 航空气象群（府中）
                        │     ├── 飞行点验队（入间）
                        │     └── 特别航空运输队（千岁）
                        ├── 航空教育集团
                        │     ├── 第1航空团（滨松）
                        │     ├── 第4航空团（松岛）
                        │     ├── 第11飞行教育团（静滨）
                        │     ├── 第12飞行教育团（防府北）
                        │     ├── 第13飞行教育团（芦屋）
                        │     ├── 航空教育队（防府南）
                        │     ├── 教材整备队（滨松）
                        │     ├── 飞行教育航空队（新田原）
                        │     └── 干部候补生学校及5所技术学校
                        ├── 航空开发实验集团
                        │     ├── 飞行开发实验团（岐阜）
                        │     ├── 电子开发实验群（府中）
                        │     └── 航空医学实验队（入间、立川）
                        └── 航空自卫队干部学校
                            其他防卫大臣直辖部队
```

* 西南航空混成团于2017年7月改编为西南航空方面队。

---

[1] 『防衛ハンドブック2018』、朝雲新聞社、2018年3月、ページ186～187。

为强化联合作战体制，加强"联合机动防卫力量"建设，日本自卫队将进一步对体制编制进行调整。2018年3月新设"陆上总队"，统领5个方面队，同时组建"两栖机动旅"，并撤编"中央快反集团"，其原所属部队和"两栖机动旅"均由"陆上总队"直属，实现了对陆上自卫队的一元化指挥；组建"两栖机动旅"，使其具备快速登岛夺岛两栖作战能力；把陆上自卫队现有"9师6旅"体制改编为地区守卫型"5师2旅"和机动运用型"4师4旅"体制，在各机动师、旅中新编"快速反应机动团"，使其具有快速机动和警戒监视能力；2017年度率先将西部方面队第8师和第14旅改编为机动作战师和旅，赋予其所辖快反机动团离岛防御作战任务；将西南航空混成团扩编为西南航空方面队，以加强西南方向空中作战力量，从而使航空自卫队拥有北部、中部、西部、西南4个航空方面队；增加自卫队现役编制310人，主要用于加强反导力量和西南地区的警戒监视力量等[①]。

日本自卫队近年组建新型力量。陆上自卫队以西部方面队步兵团为核心，组建了"水陆机动团"（即两栖作战旅）。该旅共编3个两栖作战团和1个后方支援队，编制约3000人，配备"鱼鹰"运输机、水陆两栖战车、"全球鹰"无人侦察机及濒海战斗舰等装备。这支被称为日本版"海军陆战队"的两栖作战部队于2018年完成部署[②]。日本近年来对网络安全日益重视。2008年3月，日本自卫队组建担负网络空间作战部队——"指挥通信系统队"，编制约160人。2009年8月1日组建"自卫队情报保全队"，隶属于联合参谋部，编制1000人。2014年3月，自卫队组建了专门的网络部队——"网络防卫队"。该部队隶属于指挥通信系统队，担负应对网络攻防及调查攻击源等任务，编制约90人[③]。防卫省将把网络防卫队的规模扩大至约1000人，以提高应对网络攻击能力[④]。2014年11月，日本国会通过《网络安全基本法》，并成立"网络安全战略本

---

① 『防衛ハンドブック2018』、朝雲新聞社、2018年3月、ページ178－183。
② 日本防衛省：『平成30年防衛白書』、2018年、ページ321。
③ 《日成立网络防卫队具备进攻能力》，《解放军报》，2014年4月11日。
④ 《发动网络战？日本拟扩充网络防卫队至千人研究网络攻击》，环球网，2017-7-17，http://world.huanqiu.com/exclusive/2017-07/10991829.html。

部"，以加强应对网络攻击①。今后，日本将利用民间网络人才，发展网络攻防能力，并加强与美国的合作。

海上保安厅隶属于日本国土交通省，是维护海上治安和确保船舶航行安全的专职机关。海上保安厅作为日本准军事力量构成日本防卫体制的重要组成部分，在紧急状态下归防卫省管辖指挥，平时与防卫省保持密切联系。

日本海上保安厅本厅设在东京，在全国设11个海上保安管区。各管区设有管区海上保安本部，下设海上保安（监）部、海上保安航空基地、海上保安署、海上交通中心、航空基地等机构。截至2017年4月，海上保安厅下设11个地方管区本部、71个海上保安（监）部、2个海上保安航空基地、61个海上保安署、7个海上交通中心、12个航空基地、1个国际组织犯罪对策基地、1个特殊警备基地、1个特殊救援基地、1个机动防除基地②、1个水路观测所和海上保安大学、海上保安学校两所院校。海上保安厅2017年度预算为2106.01亿日元，员额13744人，装备各型船艇455艘，飞机74架③。担负钓鱼岛周边海空域警戒任务的是海保厅第11管区，本部设在那霸。2016年2月，在该管区下组建了警备专属部队，以加强对中国海警船赴钓鱼岛海域巡航执法的应对态势。该部队装备12艘大型巡视船、2艘可搭载直升机的巡逻船、各型飞机13架，编制606人④。

---

① 《日本国会通过〈网络安全基本法〉》，《人民日报》，2014年11月7日，第22版。
② 机动防除基地负责处理全国性的大规模海洋漏油事件。
③ 海上保安厅：『海上保安庁パンフレット』、2017年3月、http://www.kaiho.mlit.go.jp/doc/jpam.pdf.
④ 《日本将建成"钓鱼岛警备部队"下辖14艘巡逻船》，环球网，2016-2-24，http://mil.huanqiu.com/world/2016-02/8598041.html.

表10 海上保安厅组织结构

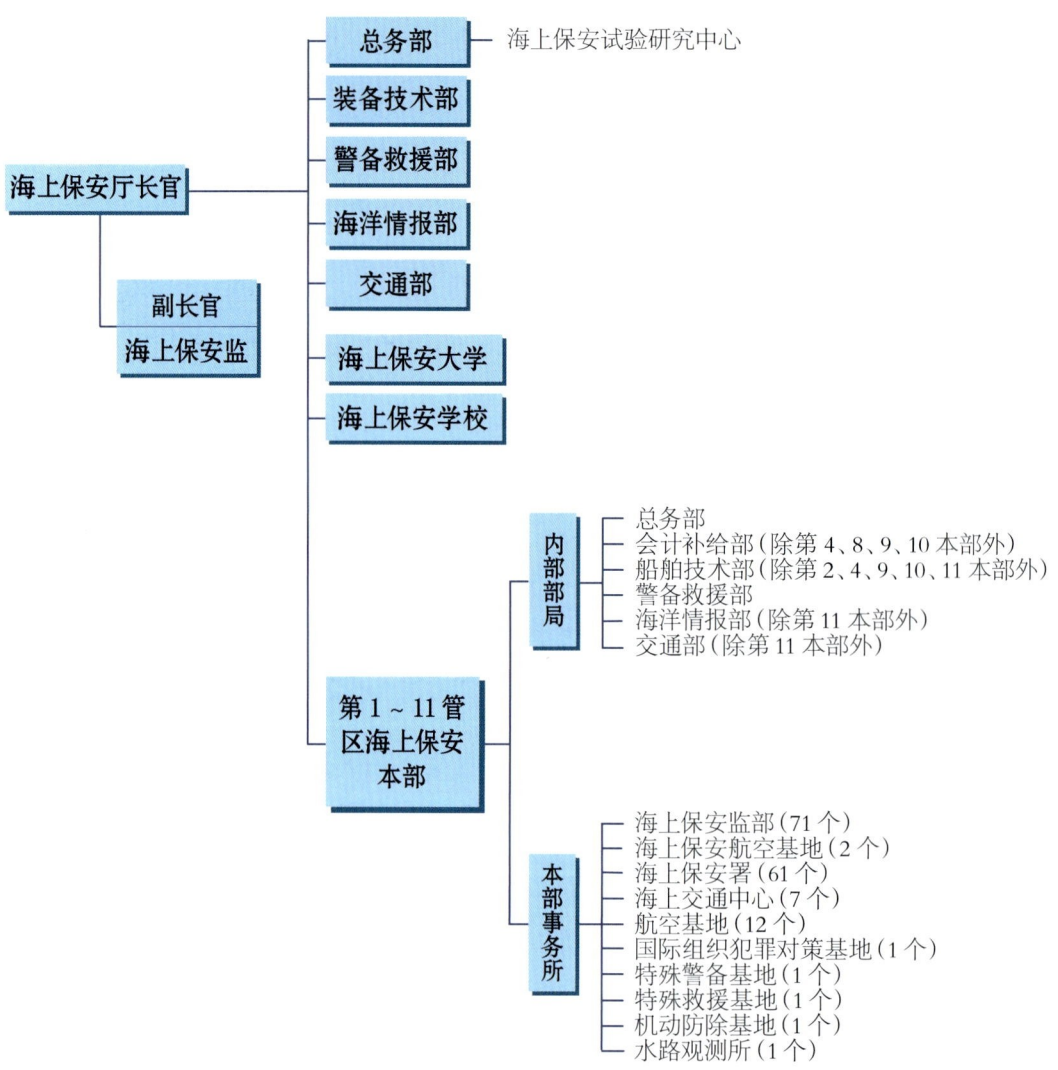

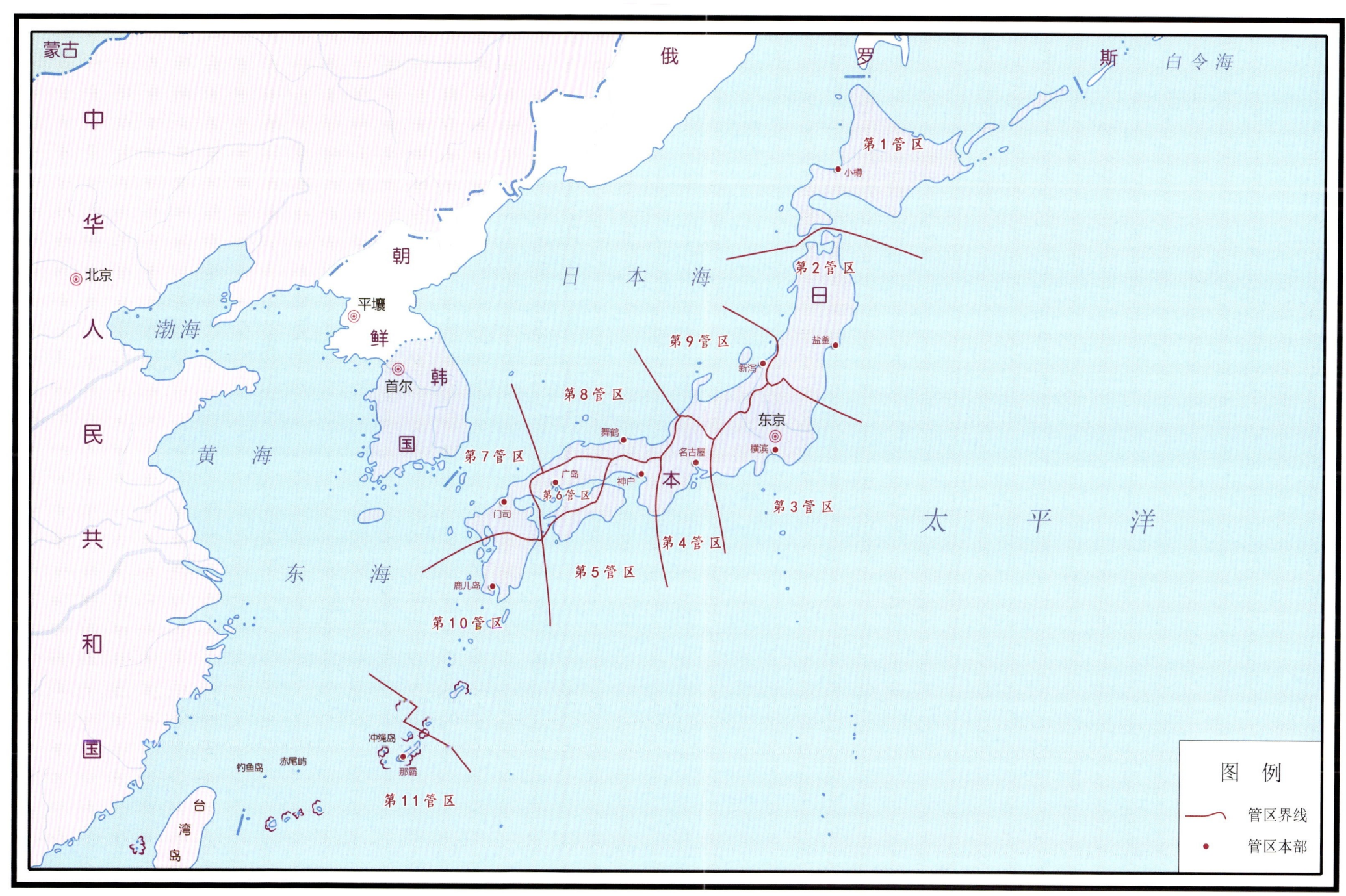

图1 海上保安厅管区划分示意图【审图号：GS（2018）671号】

五、主要武器装备

日本陆上自卫队现有主要装备，见表11（截至2018年3月）。

表11 日本陆上自卫队现有主要装备

装　备	各型坦克	装甲车	各型火炮	各型飞机
数　量	640辆	990辆	4250门（辆）	362架

根据《2014～2018年度中期防卫力量发展计划》，陆上自卫队在2014～2018年度计划新增装备99辆新型轮式战车、44辆10式坦克、24辆装甲车、52辆两栖突击车、17架"鱼鹰"运输机、31门火炮和6架CH-47JA运输直升机。

日本海上自卫队现有各型舰船426艘，总排水量约48.8万吨。作战舰艇135艘，支援舰船291艘。2014～2018年计划新建2艘"宙斯盾"驱逐舰，5艘潜艇。2023年左右，潜艇增加到22艘。截至2018年3月，主要作战舰艇见表12。另日本海上自卫队还拥有各型飞机163架，见表13。

表12 日本海上自卫队主要作战舰艇

装　备	驱逐舰/护卫舰	潜　艇	扫雷舰艇	导弹艇	运输舰艇	辅助舰艇
数　量	47艘	18艘	24艘	6艘	11艘	29艘

表13 日本海上自卫队拥有各型飞机

装　备	P-1反潜巡逻机	P-3C反潜巡逻机	SH-60J/K反潜直升机	MCH-101扫雷/运输机
数　量	19架	54架	80架	10架

日本航空自卫队现有主要飞机431架。计划在2014～2018年度向美国采购28架F-35第四代战斗机，未来共计划引进42架，同时对26架F-15战斗机现代化改造，另外引进4架新型早期预警机和空中警戒管制机，3架C-2大型运输机[①]。2023年作战飞机的规模将达到360架，其中战斗机约280架[②]。截至2018年3月，现有飞机情况见表14[③]。

表14 日本航空自卫队拥有各型飞机

装　备	数　量
F-35A 战斗机	4架
F-15J/DJ 战斗机	201架
F-2A/B 对地攻击机	92架
F-4EJ 战斗机	52架
E-2C 预警机	13架
E-767 早期预警管制机	4架
RF-4E/EJ 侦察机	13架
C-1 运输机	17架
C-130H 运输机	14架
KC-767 空中加油/运输机	4架
KC-130H 空中加油运输机	2架
CH-47J 运输机	15架

日本自卫队近年重点发展海空、反导等作战装备。海上力量方面，加快发展大型舰艇。目前日本已建造4艘万吨级以上大型直升机驱逐舰，作为准航母作战平台，已成为日本海上作战群核心。"日向"号和"伊势"号（标准排水量13950吨）分别于2009年3月和2011年3月服役。"出云"号和"加贺"号（标准排水量19950吨）分别于2015年3月和2017年3月服役。"出云"号直升机驱逐舰最多可搭载14架直升机，同时起降5架直升机，或可搭载12架垂直起

---

① Medium Term Defense Program (FY2014-FY2018), December 17, 2013, http://www.mod.go.jp/j/approach/agenda/guideline/2014/pdf/Defense_Program.pdf.
② NATIONAL DEFENSE PROGRAM GUIDELINES for FY 2014 and beyond, December 17, 2013, http://www.mod.go.jp/j/approach/agenda/guideline/2014/pdf/20131217_e2.pdf.
③ 日本防衛省：『平成30年版防衛白書』、2018年、ページ460。根据资料8、9、10统计。

降的F-35B型战斗机，也可搭载MV-22"鱼鹰"倾转旋翼机[①]。近期，日本计划对"出云"号进行改装，使其真正成为多用途航空母舰[②]。日本继续对现有"宙斯盾"驱逐舰进行升级改造，同时新建两艘8200吨级"宙斯盾"驱逐舰，并为其配备更加先进的"标准-3"Block ⅡA型反导系统，以提升舰队防空反导能力。日本计划建造12艘"苍龙"级潜艇，第9艘"苍龙"级潜艇"清龙"号于2018年3月正式服役。而且，日本还计划建造性能比"苍龙"级潜艇更好的3000吨级新型潜艇，至2022年潜艇总数将达到22艘。另外，日本重点发展P-1新型反潜巡逻机，以逐步替代P-3C反潜机。2015年日本一次性采购20架P-1反潜机，至2021年将列装31架，以提升空中侦察与反潜作战能力。

空中力量方面，重点提升制空作战能力。日本自主研制生产新一代"心神"隐身战斗机，同时从美国采购42架F-35A联合攻击机。2018年1月26日，日本航空自卫队三泽基地列装了首架F-35A战斗机。10月14日，日本《读卖新闻》报道日本政府决定追加购买20架F-35A隐身战斗机。11月27日，日本经济新闻网报道，日本即将在2018年12月发布的新《中期防卫计划大纲》中，增购100架F-35战斗机。此外，日本还从美国引进RQ-4"全球鹰"高空无人侦察机、E-2D早期预警机、MV-22"鱼鹰"倾转旋翼运输机，以增强侦察预警和远程投送能力。

反导方面，重点加强多层次反导力量。日本与美国合作，构建多层次弹道导弹防御系统。除升级"宙斯盾"舰反导系统外，日本与美国联合开发"标准-3"Block ⅡA型反导系统，以进一步提升海基反导能力。陆基反导方面，除在九州地区换装新型FPS-7固定式雷达并为其增装反导功能外，还将引进"爱国者-3"MSE型反导系统和陆基"标准-3"Block ⅡA型导弹拦截系统[③]，优先部署2套陆基"宙斯盾"反导系统，以强化陆基末段中高空导弹拦截

---

① 《探访日本自卫队最大的驱逐舰》，人民网，2015-4-1，http://world.people.com.cn/n/2015/0401/c157278-26780805.html。
② 『岩屋毅防衛大臣記者会見』、日本防衛省、2018-11-27、http://www.mod.go.jp/j/press/kisha/2018/11/27a.html。
③ 日本防衛省：『我が国の防衛と予算——平成30年度概算の概要』、http://www.mod.go.jp/j/yosan/2018/gaison.pdf。

能力。

岛屿攻防作战方面，重点发展两栖作战装备和远程投送装备。日本在2018财年预算中，斥巨资向美国大量采购"鱼鹰"运输机及AVV7水陆两用装甲车，作为"水陆机动团"的核心装备。同时斥资继续改造"大隅"级运输舰，采购运载量与航程大幅提升的C-2运输机，以逐步取代C-1运输机，提高部队远程投送能力。2019年的预算中，日本政府规划将花费1亿日元在硫磺岛部署自动警戒管制雷达①。

图2 日本购买的F-35战斗机

---

① 日本防卫省：『我が国の防衛と予算——平成31年度概算の概要』、http://www.mod.go.jp/j/yosan/2019/gaisan.pdf。

第二章 日本军事力量及部署

图3 "金刚"级"宙斯盾"驱逐舰"妙高"号①

图4 "爱宕"级"宙斯盾"驱逐舰"足柄"号②

---

① 图片来源：美国海军官网，http://www.navy.mil/viewGallery.asp。
② 图片来源：美国海军官网，http://www.navy.mil/viewGallery.asp。

图5 P-3C反潜巡逻机[①]

图6 "苍龙"级AIP潜艇"白龙"号[②]

---

① 图片来源：美国海军官网，http://www.navy.mil/viewGallery.asp。
② 图片来源：美国海军官网，http://www.navy.mil/viewGallery.asp。

图7 "日向"级直升机驱逐舰"日向"号①

图8 E-767预警机②

---

① 图片来源：美国海军官网，http://www.navy.mil/viewGallery.asp。
② 图片来源：日本防卫省官网，http://www.mod.go.jp/asdf/equipment/keikaiki/E-767/index.html。

图9 V-22"鱼鹰"运输机[1]

六、军事基地与兵力部署

根据日本《防卫手册2018》统计，日本自卫队主要军事基地有310个。其中，陆上自卫队181个，海上自卫队55个，航空自卫队74个[2]。陆上自卫队的军事基地均衡地分布于北部、东北、中部、东部和西部五个防区。横须贺、佐世保、吴（港）、舞鹤、大凑是海上自卫队五大军事基地，其中，横须贺是海上自卫队的大本营和指挥中枢，不仅是联合舰队、护卫舰队和潜艇舰队等主战部队司令部的所在地，而且40%的舰艇均驻泊于此。横田基地是航空总队司令部所在地，是航空自卫队的指挥中枢。千岁、三泽、百里、横田、入间、小松、筑城、新田原、那霸等基地是日本航空自卫队主战力量的驻地。

---

[1] 图片来源：The Aviationist, https://theaviationist.com/2017/08/26/here-is-japans-first-v-22-the-first-osprey-tilt-rotor-aircraft-for-a-military-outside-of-the-u-s/。

[2] 『防衛ハンドブック2018』、朝雲新聞社、2018年、ページ908～926。

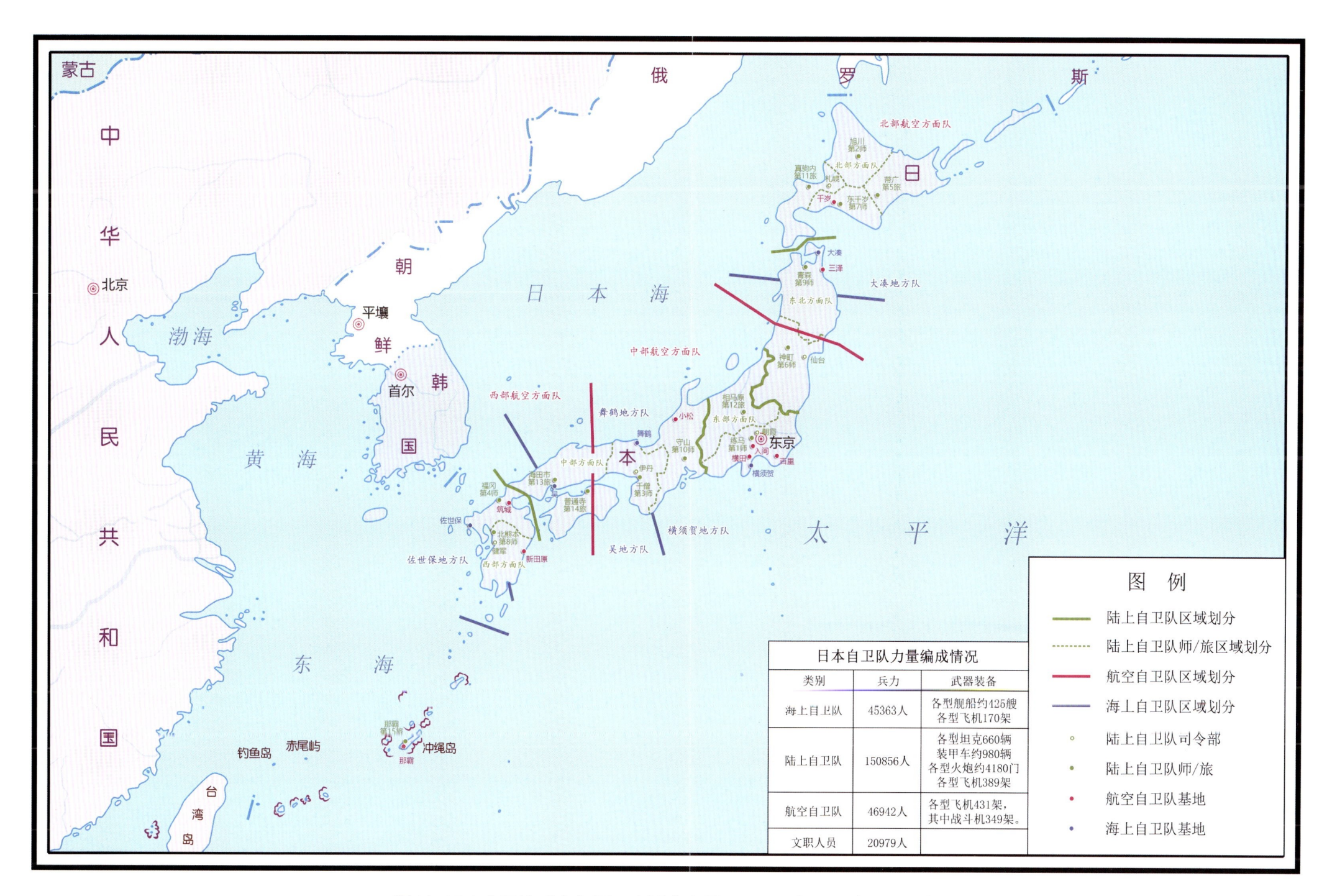

图10 日本自卫队兵力部署示意图【审图号：GS（2018）671号】

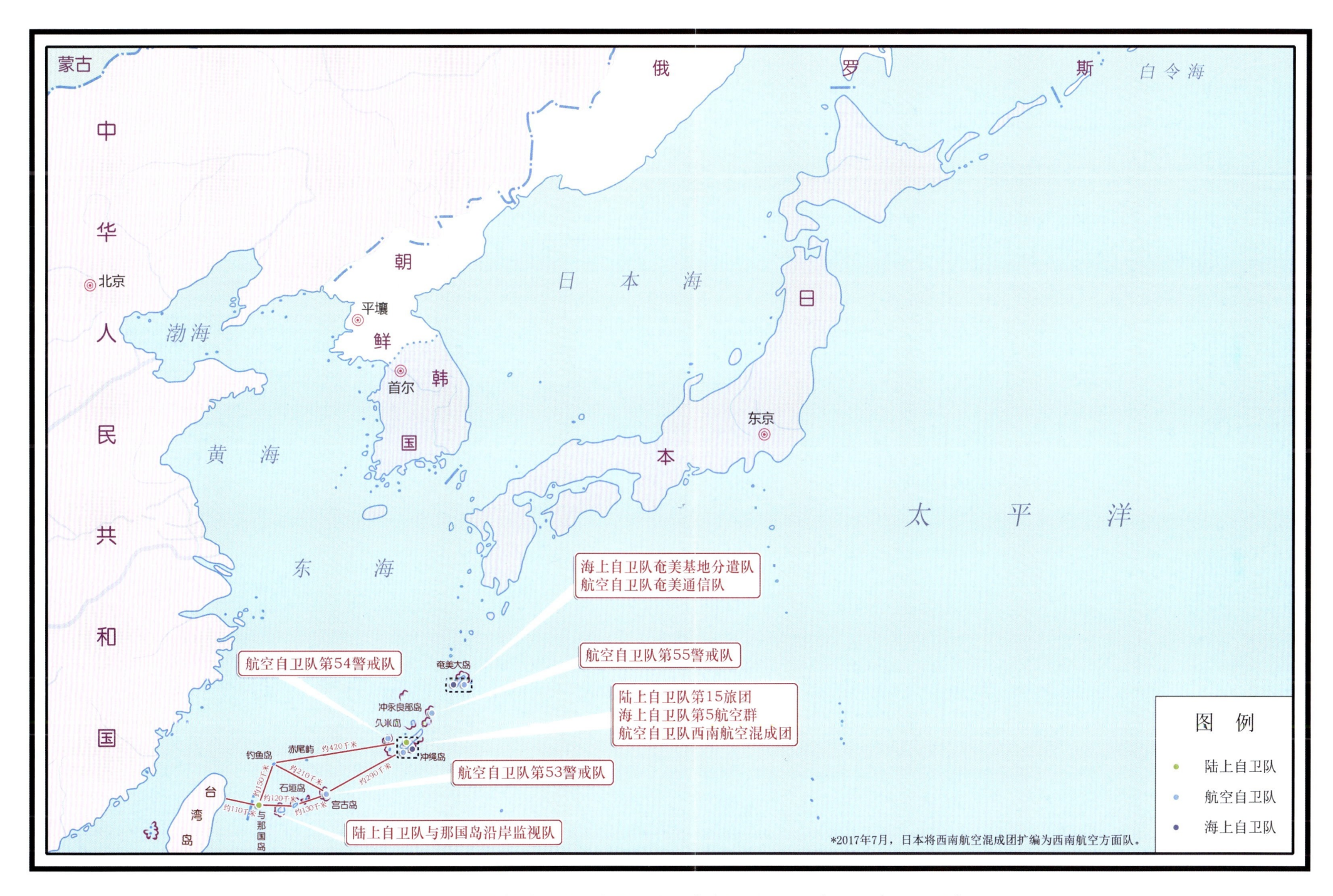

图11 新编西南航空方面队部署示意图【审图号：GS（2018）671号】

日本自卫队根据构建"联合机动防卫力量"的建设方针，近年来对兵力部署进行了调整。一是日美指挥机构同地部署，推动日美军事一体化。陆上自卫队中央快反集团司令部于2013年3月移至座间兵营，与美陆军第1军司令部实现同地部署，座间基地成为日本陆上自卫队与美驻日陆军之间的联合作战指挥协调中心。航空自卫队航空总队司令部于2012年3月迁至美军第5航空队司令部所在的横田基地，并成立"日美联合运用协调所"，横田从而成为日美防空反导联合作战指挥中心。海上自卫队联合舰队司令部与美驻日海军司令部均部署在横须贺基地。日本陆海空自卫队主要司令部与美太平洋战区陆海空军战术司令部实现整合对接，将进一步推动日美军事一体化。二是加强西南方向军事力量部署。2014年4月航空自卫队在冲绳那霸正式组建第603警戒监视飞行队，编4架E-2C预警机[1]，以加强西南方向空中侦察力量。2016年1月，驻那霸的第83航空队扩编为第9航空团，使其辖第204飞行队和由九州筑城转隶来的第304飞行队，F-15战斗机由20架增至40架，编制增加300人，共1500人[2]。2017年12月1日，航空自卫队在三泽基地新编了F-35A飞行队，以加强西南方向空中优势[3]。2016年3月，陆上自卫队在与那国岛（距中国台湾岛110千米、距中国钓鱼岛仅150千米）部署约160人的303沿岸监视队，并为其配备移动式雷达及光学监视设备，对附近海空目标实施24小时监视。日本计划到2018年末在鹿儿岛和奄美大岛部署550人规模的警备部队和导弹部队，在冲绳、宫古岛部署约700~800人。2019年后，将在冲绳、石垣岛部署500~600人的警备部队和导弹部队[4]。二是加强西南方向基地建设。扩建那霸机场，以提升战斗机起降能力；征用佐贺民用机场，用以部署"鱼鹰"运输机；新建或改建先岛群岛的下

---

[1] 『早期警戒機E2C 三沢から那覇への"お引っ越し"「脅威」はソ連から中国へ』、産経ニュース、2014-11-21、http://www.sankei.com/premium/news/141121/prm1411210001-n1.html。

[2] 『第9航空団の新編について』、防衛省、http://www.mod.go.jp/asdf/news/release/2015/9wg/；『那覇空自F15倍増、40機に 空港さらに過密化』、琉球新報、2016-1-27、https://ryukyushimpo.jp/news/entry-211014.html；『第9航空団新編成 1500人体制、F15は40機』、琉球新報、2016-1-31、https://ryukyushimpo.jp/news/entry-213704.html。

[3] 『臨時Ｆ－３５Ａ飛行隊編成完結式』、日本航空自衛隊、2017-12-1、http://www.mod.go.jp/asdf/adc/topics/topics-197-2017-1204/topics-197-2017-1204.html。

[4] 『与那国島 陸自が初配備 沿岸監視隊駐屯地が開設』、毎日新聞、2016-3-28、https://mainichi.jp/articles/20160328/k00/00e/010/153000c。

地岛、多良间岛、石垣岛、与那国岛等地的机场，为西南诸岛作战提供前出基地；扩建佐世保基地码头，以完善相关补给设施；扩建相浦基地，新建两栖训练设施；扩建那霸兵营，满足第15旅扩编需求；新建石垣岛基地，为进驻"国境警备队"做准备；在宫古岛建立岸对舰导弹基地，加强对中国前出"第一岛链"舰机的威慑与遏制能力；整修那霸、与那国基地的港口设施，保障海保厅在钓鱼岛海域"巡视"船艇的靠泊补给①。四是在海外建立军事基地。日本借亚丁湾反海盗之机，在东非吉布提建立首个海外军事基地。该基地2011年7月正式投入使用，为日本自卫队进一步参与海外军事行动提供了据点。目前在吉布提部署有180名自卫队队员及2艘驱逐舰和2架P-3C型反潜巡逻机执行反海盗任务。此外，日本还在越南的金兰湾和菲律宾的苏比克等地寻找舰机补给据点。

七、核潜力

日本曾于1940年开始核武器研制计划，二战结束后，日本在战争期间建造的核研究设施被美军拆除销毁，核计划中断了一段时间。日本于1954年重启核研究计划，但1955年的《原子能基本法》规定日本的核活动只用于和平目的。1967年时任日本首相佐藤荣作提出了"无核三原则"，即"不制造、不拥有、不运进"核武器。因此，日本战后的核能利用主要是在核电领域。在2011年福岛核电站泄露事故之前，核电一直是日本重要的电力来源之一。根据2015年国际原子能机构（IAEA）年度报告，日本目前在运反应堆机组数为42个，总容量39752兆瓦，在建反应堆机组数为2个，总容量2653兆瓦②。

然而，除了发展民用核能技术之外，日本从战后开始核研究时，就将发展核武器列入政策选项清单。特别是近年来，随着朝鲜核能力的发展，以及特朗普政府上台后美国对同盟政策的不确定性增加，日本国内又重新出现发展核武

---

① 江新凤：《日本加强西南方向军事力量建设的主要举措及其对我影响》，《外国军事学术》，2017年第4期。

② IAEA: Nuclear Power Reactors in the World, Reference Data Series No.2, 2017 Edition, https://www-pub.iaea.org/MTCD/Publications/PDF/RDS-2-38_web.pdf.

的声音[1]。日本一直寻求在不实际拥有核武器的情况下，仍能拥有对潜在对手的核威慑能力，即所谓"技术性威慑"：保留足够的技术和材料以保证能迅速制造出核武器，从而达到和拥核同样的效果。

在核材料储备方面，日本囤积了大量的铀和钚等核材料。其中，铀材料主要从外国进口，钚材料则以自行生产为主。日本缺乏铀矿，目前日本仅有的铀矿人形岭的铀储量约2500吨，不足以供给日本的核工业，主要从美国、英国、法国、澳大利亚等国进口铀材料。

日本主要依托民用和科研反应堆生产和囤积钚材料。目前获取钚的主要途径是处理核电站发电产生的"乏燃料"，从中提取出经过反应从铀转变而来的钚。日本大量的核发电反应堆产生了大量的钚。根据有关预测，2014年日本拥有约44吨钚。这些钚材料一旦用于制造核武器，总数可以达到上千枚[2]。另外，日本保有至少331千克的武器级钚[3]。这些武器级钚是冷战期间由美英法三国提供的，目的是用于"科学研究"。根据2014年第三届核安全峰会美日达成的协议，日本向美国归还了331千克武器级钚[4]。但日本已经有能力生产武器级钚，日本的两个试验性快中子反应堆"常阳"和"文殊"，也存在生产武器级钚的嫌疑。

在核技术方面，日本作为核电大国长期占据优势地位，民用核项目已达世界领先水平。日本还拥有大型螺旋形核聚变实验装置、快中子增殖反应堆、高温工学实验研究炉、大型放射光设施等科研设施，并可利用超级计算机进行模拟仿真核试验。其"乏燃料"后处理、核聚变、核材料浓缩、增殖反应

---

[1] 参见Heath Pickering, "Will Japan Become a Nuclear Weapons Power?", June 29 2014, http://www.e-ir.info/2014/06/29/will-japan-become-a-nuclear-weapons-power/；赵宏：《战后日本核政策的建构主义分析》，《太平洋学报》，2005年第4期，第95—96页；崔晓娟：《日本"拥核"之心不含糊》，中国日报网，2014-2-25, http://www.chinadaily.com.cn/micro-reading/dzh/2014-02-25/content_11280315.html.

[2] T. Rauf, "Looking Beyond the 2014 Nuclear Security Summit", http://www.sipri.org/media/expert-comments/rauf_mar2014, March 2014.

[3] Kato Seiichi, "Japan Should Hold and Secure 'Potential Nuclear Capability'", GFJ Commentary, April 12, 2016, http://www.gfj.jp/e/commentary/160412.pdf, p.1.

[4] Kato Seiichi, "Japan Should Hold and Secure 'Potential Nuclear Capability'", GFJ Commentary, April 12, 2016, http://www.gfj.jp/e/commentary/160412.pdf, p.1.

堆等技术均属国际一流水平①。在常温核聚变研究领域，日本科学家水野忠彦早在1996年就进行了相关实验②，高桥亮人提出的正四面体相变理论则处于研究的前沿地位③。在核材料浓缩方面，六所村核浓缩工厂的分离作业量为1050tSWU/年，其远心分离技术相当成熟，基本实现了铀浓缩的本土化④。日本还大力研发从海水中提取高浓缩锂-6的技术，用锂-6来制作核燃料氚和氘化锂⑤。日本利用快中子增殖反应堆，使铀燃料的利用率较原先增加了50倍⑥。因此，无论是核材料储备还是核技术能力，日本的核能力已经站在了核大国俱乐部的门槛上。

八、弹道导弹防御（BMD）系统

早在1985年3月，美国邀请包括日本在内的盟国加入"战略防御倡议"，1987年日美签署了《关于日本参加美国战略防御计划的协议》⑦。1993年5月朝鲜试射"劳动"中程弹道导弹后，日美围绕弹道导弹防御进行探讨，1994年10月日美启动由日本政府牵头的弹道导弹防御双边研究，1995年日本展开"关于日本防空系统的综合调研"⑧。1998年8月朝鲜试射"大浦洞"导弹后，日美宣布加强双方反导合作。2002年12月，日本宣布把弹道导弹防御设想从研究阶段推进到开发部署阶段。2007年3月，日本航空自卫队开始在东京以北埼玉县部署"爱国者-3"（PAC-3）反导系统，标志着日本正式开始部署本国的弹道导

---

① 《揭秘日本核潜力》，央视国际，2014-1-28，http://tv.cntv.cn/video/C10616/e43040b54d814f02b7fb90f51bb02021。
② 水野忠彦：『常温核融合か核変換か』、工学社、1998年、ページ104−109。
③ 高橋亮人：『凝集核融合のメカニズム』、工学社、2008年。
④ 『世界のウラン濃縮施設』、原子力百科事典、http://www.rist.or.jp/atomica/data/dat_detail.php?Title_Key=04-05-02-02。
⑤ 吉塚和治：『海水からの実用的リチウム回収』、日本イオン交換学会誌23、2013-6-18。
⑥ 日本原子力研究開発機構：『世界の高速増殖炉開発の実績は』、http://www.jaea.go.jp/04/turuga/cases/operation/pdf_2008/op-c3-06.pdf。
⑦ Hideaki Kaneda, Kazumasa Kobayashi, Hiroshi Tajima, Hirofumi Tosaki, *Japan's Missile Defense: Diplomatic and Security Policies in a Changing Security Environment*, The Japan Institute of International Affairs, March 2007, http://www2.jiia.or.jp/en/pdf/policy_report/pr200703-jmd.pdf, p.53.
⑧ 宮脇俊幸：『わが国の弾道ミサイル防衛：BMD』、『軍事研究』、2012年1月号。

弹防御系统①。

日本弹道导弹防御系统目前为高低双层结构。高层防御系统，利用从美国引进的"宙斯盾"海基中段防御系统，在日本外海上空对来袭导弹进行大气层外拦截；低层防御系统，由"爱国者－3"（PAC－3）反导系统在大气层内对"宙斯盾"系统未拦截到的导弹实施末端拦截。未来，日本将引进陆基"宙斯盾"系统，强化陆基末段中、高层拦截能力，还可能发展助推段和上升段防御系统。这种多层结构可提高日本弹道导弹防御系统的拦截率，确保防御作战的成功②。

日本弹道导弹防御系统由预警探测系统、指挥控制系统和拦截武器系统等构成。预警探测系统包括陆基、海基、空基和天基预警探测装备。陆基预警装备主要有4部FPS－5雷达和7部FPS－3改型警戒管制雷达③。海基预警系统由"宙斯盾"驱逐舰上装备的AN/SPY－1D相控阵雷达担负，负责对预警监视系统传送的目标信息进行接力跟踪，引导"标准－3"导弹实施拦截。空基预警装备主要有4架E－767和13架E－2C预警机，主要担负首都防空警戒任务，可对助推段弹道导弹进行监视和预警。天基装备主要依赖美军高轨道预警卫星提供发射警报，日本自有的4颗情报卫星因轨道较低和监测时段有限，只能适用于过顶侦察捕捉发射征兆。

指挥控制系统包括三部分。一是航空自卫队弹道导弹防御指挥控制系统，该系统除负责对空基和陆基弹道导弹防御系统的指挥控制外，还负责整个日本弹道导弹防御系统的指挥协调工作。这种指挥协调工作主要通过"日本空天防御地面环境"（Japan Aerospace Defense Ground Environment，JADGE，简称"佳其"系统）来实现。该系统2009年7月投入使用，与防空指挥系统

---

① 周伟：《日本弹道导弹防御系统的发展特点与能力分析》，中国军网，2014-11-24，http://www.81.cn/jkhc/2014-11/24/content_6238328.htm。
② 周伟：《日本弹道导弹防御系统的发展特点与能力分析》，中国军网，2014-11-24，http://www.81.cn/jkhc/2014-11/24/content_6238328.htm。
③ Sugio Takahashi, Ballistic Missile Defense in Japan: Deterrence and Military Transformation, Institut Français des Relations Internationales, December 2012, http://www.ifri.org/sites/default/files/atoms/files/pp44av59takashashi.pdf, p.11.

（Air Defense Command System，ADCS）和战术网络通信系统（Tactical Network Communication System，TNCS）一起对弹道导弹防御进行指挥、控制、战场管理和通信①。二是"宙斯盾"作战系统。该系统将"宙斯盾"舰的海上行动与弹道导弹防御系统的其他职能整合在一起。"宙斯盾"作战系统包括"宙斯盾"显示系统、武器控制系统、决策系统，并且将海基传感器和武器系统的指挥控制整合在一起，包括SPY-1雷达和"标准-3"导弹。三是"爱国者"交战控制站。这是"爱国者"防空系统的核心，能够控制雷达，探测和发现目标，确定交战顺序并实施导弹防御行动②。

武器拦截系统由海基导弹拦截系统和陆基导弹拦截系统组成。海基系统主要是"宙斯盾"系统。目前日本4艘"金刚"级驱逐舰已经加装"宙斯盾"系统，2艘"爱宕"级驱逐舰正在进行改装。2018年7月30日，最新"宙斯盾"驱逐舰"摩耶"号下水，日本海上自卫队"宙斯盾"驱逐舰数量达到7艘，第8艘同型"宙斯盾"驱逐舰也在紧锣密鼓地建造中③。目前，日本"宙斯盾"驱逐舰上主要配备"标准-3"Block ⅠA型导弹，从2006年起日美开始共同研发新一代"标准-3"Block ⅡA型④。2015年美日曾两次从陆地成功实弹试射"标准-3"Block ⅡA导弹。2017年1月，"标准-3"Block ⅡA型导弹首次在太平洋海域成功试射。该型导弹防御领域更广、探测能力更强，拦截高度从500千米大幅提升至1500千米⑤。日本"宙斯盾"驱逐舰换装该导弹之后，日本自卫队的海基反导能力将进一步提高，同时对中俄的核力量产生明显威慑，

---

① Hideaki Kaneda, Kazumasa Kobayashi, Hiroshi Tajima, Hirofumi Tosaki, *Japan's Missile Defense: Diplomatic and Security Policies in a Changing Security Environment*, The Japan Institute of International Affairs, March 2007, http://www2.jiia.or.jp/en/pdf/policy_report/pr200703-jmd.pdf, p.63.

② Hideaki Kaneda, Kazumasa Kobayashi, Hiroshi Tajima, Hirofumi Tosaki, *Japan's Missile Defense: Diplomatic and Security Policies in a Changing Security Environment*, The Japan Institute of International Affairs, March 2007, http://www2.jiia.or.jp/en/pdf/policy_report/pr200703-jmd.pdf, p.64.

③ 《日本最新"宙斯盾"下水》，新华网，2018-07-31，http://www.xinhuanet.com/mil/2018-07/31/c_129923688.htm.

④ Sugio Takahashi, Ballistic Missile Defense in Japan: Deterrence and Military Transformation, December 2012, http://www.ifri.org/sites/default/files/atoms/files/pp44av59takashashi.pdf, p.11.

⑤ 《专家：美日"标准-3Block 2A"导弹将削弱中国核反击能力》，人民网，2017-2-8，http://military.people.com.cn/n1/2017/0208/c1011-29064523.html.

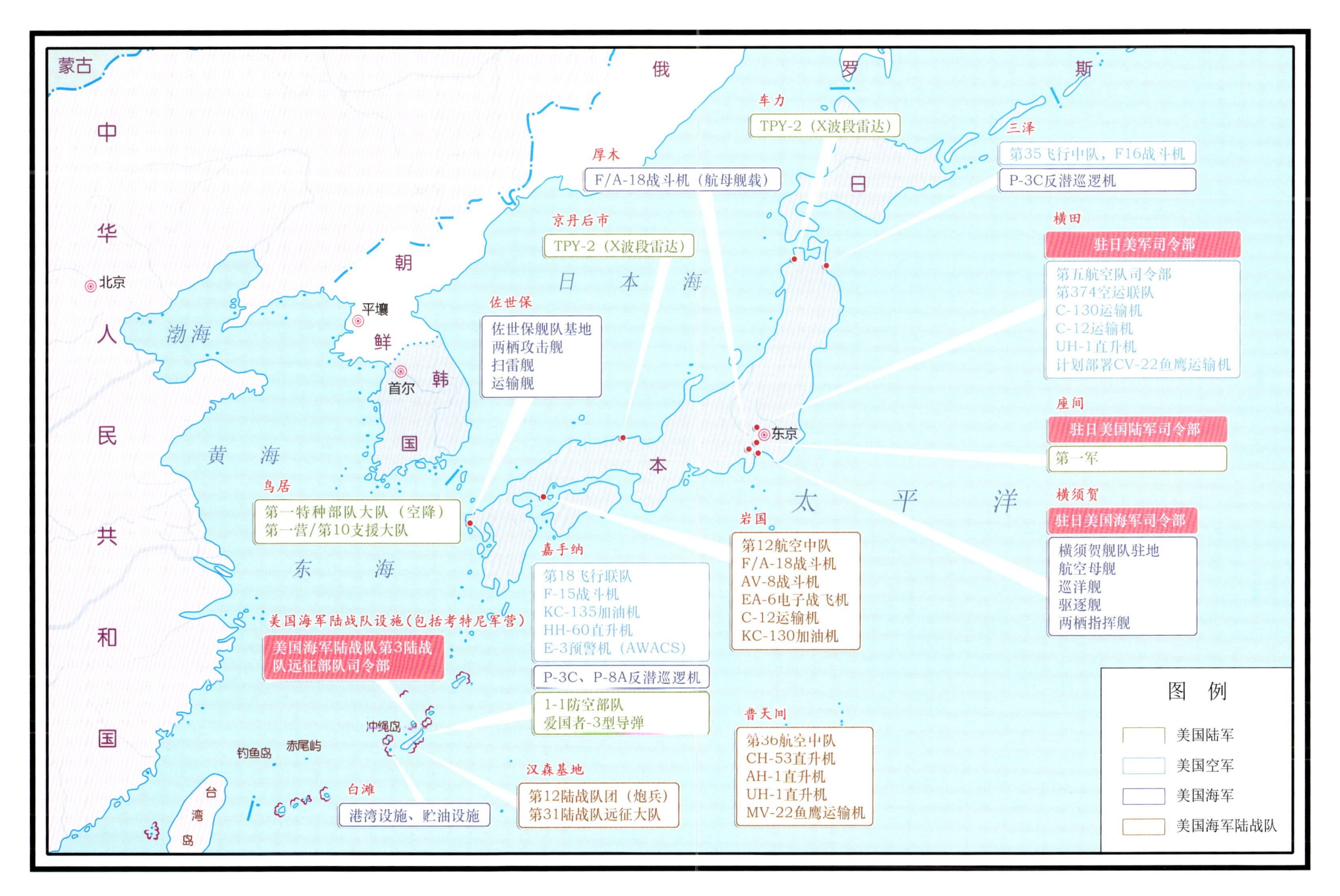

图12 驻日美军兵力部署示意图【审图号：GS（2018）671号】

可能打破亚太地区的战略平衡，威胁到中俄的战略安全①。陆基系统方面，日本防卫省2017年8月决定部署陆基"宙斯盾"导弹拦截系统，以强化导弹防御体系②。另外，日本防卫省2017年8月考虑到朝鲜向美国关岛周边发射导弹的计划，在出云(岛根县)、海田市(广岛县)、松山(爱媛县)、高知县的各陆上自卫队驻地部署了PAC-3部队。9月还在函馆陆自驻地进行了部署，但考虑到无事先预告就发射导弹的可能性很低，2018年7月底已全部撤走③。

九、驻日美军部署

基于《美日安保条约》，美国在日本境内保持了较大规模的军事存在。驻日美军隶属于美军太平洋司令部，由驻日美军司令部和陆、海、空、海军陆战队组成，军兵种齐全，战时可迅速得到增援。驻日美军司令部位于横田基地。据2011年底美国防部公布的《2011年度基地结构报告》统计，驻日美军在日本拥有109个基地，其中空军基地35个，海军基地38个，海军陆战队基地21个，陆军基地15个。其中，冲绳是驻日美军基地的重镇。美军基地设施74%集中在冲绳，在冲绳建有各种军事设施共39处，冲绳18%的地区被划为美军基地④。按照日本2018年版《防卫手册》⑤统计，截至2017年9月，驻日美军共44545人，其中陆军2581人，海军11602人，海军陆战队18585人，空军11777人。另外有42000名家属和8000名文职雇员⑥。根据2018年日美外长、防长"2+2"会议发布的联合声明，将有9000名美军海军陆战队员及其家属迁出冲绳，其中5000名

---

① 《专家：美日"标准-3Block 2A"导弹将削弱中国核反击能力》，人民网，2017-2-8，http://military.people.com.cn/n1/2017/0208/c1011-29064523.html。
② Japan plans installation of land-based Aegis missile defense system amid North Korea threats *The Japan Times*, Aug. 17, 2017, https://www.japantimes.co.jp/news/2017/08/17/national/politics-diplomacy/japan-plans-installation-land-based-aegis-missile-defense-system-amid-north-korea-threats/#.Wl6q3iO77BI。
③ 《日本撤"爱国者"导弹 防卫省：朝鲜射导弹可能性低》，环球网，2018-8-3，http://mil.huanqiu.com/world/2018-08/12637860.html。
④ 江新凤：《日本军情解析》，解放军出版社，2017年版，第246页。
⑤ 『防衛ハンドブック2018』、朝雲新聞社、2018年3月、ページ587。
⑥ About USFJ, http://www.usfj.mil/About-USFJ.

迁至夏威夷，4000名迁至关岛，冲绳保留约1万名海军陆战队员[①]。

驻日美陆军司令部和第1军位于日本神奈川县的座间兵营。下属部队包括位于冲绳鸟井的第1特种部队群（空降）第1营/第10支援大队，其任务是为战区内的美军提供后勤支援。美陆军在车力和经岬部署有2部AN/TPY-2型X波段陆基移动式雷达，在冲绳嘉手纳部署有第1-1防空炮兵营、"爱国者-3"反导系统[②]。

驻日美海军司令部位于日本神奈川县的横须贺基地，横须贺也是驻日美海军横须贺舰队基地和第7潜艇大队司令部所在地，部署有美国"里根"号航母战斗群和第7舰队所属的水面舰艇及潜艇。驻日美海军在佐世保驻有佐世保舰队基地，装备有两栖攻击舰、扫雷舰和运输舰。在三泽空军基地部署有美海军P-3C反潜巡逻机，在厚木基地部署有F/A-18战斗机（航母舰载机），在冲绳嘉手纳部署有P-8A、P-3C反潜机[③]。

驻日美空军主要由美空军第5航空队构成，司令部位于日本东京的横田空军基地。横田同时也是驻日美军司令部和日航空总队司令部所在地。第5航空队拥有100余架飞机，下辖3个航空联队：驻冲绳嘉手纳的第18航空联队，装备F-15战斗机、K-135加油机、HH-60直升机、E-3预警机等；驻横田空军基地的第374空运联队，装备C-130运输机、C-12运输机、UH-1直升机，并计划部署MV-22"鱼鹰"运输机；驻三泽空军基地的第35战斗机联队，装备F-16战斗机[④]。

驻日美海军陆战队主要由位于冲绳的海军陆战队第3远征部队和海军陆战队各基地部队构成，包括驻施瓦布兵营的海军陆战队第4步兵团，驻汉森兵营的海军陆战队第12炮兵团、第31海军陆战队远征部队，驻普天间的海军陆战队

[①] 日本防衛省：『平成30年版防衛白書』、2018年、ページ292。

[②] Japan Ministry of Defense, *Defense of Japan 2016*, http://www.mod.go.jp/e/publ/w_paper/pdf/2016/DOJ2016_2-4-4_web.pdf, p.254.

[③] Japan Ministry of Defense, *Defense of Japan 2016*, http://www.mod.go.jp/e/publ/w_paper/pdf/2016/DOJ2016_2-4-4_web.pdf, p.254.

[④] Japan Ministry of Defense, *Defense of Japan 2016*, http://www.mod.go.jp/e/publ/w_paper/pdf/2016/DOJ2016_2-4-4_web.pdf, p.254.

第36航空群，该联队装备有CH-53直升机、AH-1直升机、UH-1直升机、MV-22"鱼鹰"运输机等。海军陆战队在岩国还部署有海军陆战队第12航空群，装备F/A-18战斗机、AV-8攻击机、EA-6电子战飞机、C-12运输机、KC-130加油机等[①]。

[①] Japan Ministry of Defense, *Defense of Japan 2016*, http://www.mod.go.jp/e/publ/w_paper/pdf/2016/DOJ2016_2-4-4_web.pdf, p.254.

第三章
日美军事同盟及双边安全合作

日美军事同盟是冷战时期的产物。冷战开始后，日美从各自战略利益出发缔结同盟条约，并逐步强化军事安全合作关系。冷战结束后，经过短暂的疏离游移，日美两国再次确认日美军事同盟的重要性。近年来，随着国际战略格局的变化及两国战略目标的调整，日美军事同盟关系在继续强化的同时，也出现一些新变化和新发展。

一、日美军事同盟的历史演变（1951~2011）

日美军事同盟建立于冷战初期，虽其间也曾出现过矛盾分歧，但总体趋势是不断发展强化。

（一）日美军事同盟的建立

二战结束后，美国占领日本，日本走上民主化和非军事化的发展道路。但随着美苏冷战的开启，特别是朝鲜战争的爆发，美国对日政策发生调整，开始积极重新武装日本。对于日本而言，为了能够尽早结束被占状态，发展自己的军事力量，并获得美国的保护，对于美国的这种安排也持积极态度。

1951年9月8日，日本与美、英、法等国签署《旧金山对日和约》。同日，日美签署《日美安全保障条约》，并于1952年4月28日正式生效。日美军事同盟的建立，使美国名正言顺地获得在日本领土上保留3万公顷军事基地和4.7万美国驻军的权利。

（二）冷战时期日美军事同盟的调整发展

《日美安全保障条约》（以下简称"旧安保条约"）签署后不久，日本国内就出现要求改约的呼声。原因在于，该条约对日本存在诸多重要缺陷。首先，条约虽然规定美军有权在日本驻扎，但对其承担的义务却语焉不详；其次，美军可以根据日本政府要求，镇压日本国内暴动和骚乱；第三，条约并未规定有效期，等等。为此，日本认为应修改旧安保条约，重新缔结平等的互助防卫条约。而美国内部也有意见认为，有必要与日本结成平等的伙伴关系，旧安保条约纯属障碍，必须修改[1]。

经过两年多协商，1960年1月16日，日美两国政府签订《日美共同合作及安全保障条约》（以下简称"新安保条约"）。与旧安保条约相比，新安保条约不仅废除了美军可以干涉日本内部事务的条款，还增加了美军与日本的协商制度。新安保条约规定，日美将随时就条约的执行情况，以及"在日本的安全或远东的国际和平和安全受到威胁时"进行协商[2]。同时，条约还明确了美军与日本的相互防卫义务，将日美"共同防卫"的地理范围确定为"日本管辖下的土地"，使日本由单纯的被保护对象变为共同实施防卫行动的国家。此外，条约还对10年有效期等事项进行了明确[3]。总体来看，新安保条约在一定程度上增加了日本的独立性，使日美两国至少在法律上具备了对等性。

20世纪70年代中期，远东地区的力量对比发生较大变化，呈现出"苏攻美守"的战略态势。在此情况下，美国有意加强美日同盟以抗衡苏联，一再要求日本分担更大的防卫责任。日本在经济实力快速提升的同时，也有意借此机会扩充军备。经过磋商，日美于1978年11月制定并公布了《日美防卫合作指针》，以此作为日美军事合作的纲领性文件。

---

[1] 五百旗頭真：『戦後日本外交史』、有斐閣アルマ、2014年、ページ97。

[2] 关于条约中"远东"范围的界定，日本于1960年2月26日，以"政府统一见解"的形式解释为，"就本条约而言，两国共同关心的焦点远东地区，是指能对驻日美军使用日本的设施及区域防止武力进攻有贡献的地区，该地区大致上指菲律宾以北和日本及其周边地区，包括韩国及中华民国管辖下的地区"。参见：朝雲新聞社：『防衛ハンドブック2015』、ページ308。

[3] "新日美安保条约"10年有效期满后，日美两国于1970年6月22日，宣布该条约无限期延长。

《日美防卫合作指针》是对日美安保条约的具体化，明确了日美军事合作在不同事态下应采取的应对举措。如指针详细规定了日美在预防对日武装入侵、应对日本遭受武力进攻，以及远东地区发生影响日本安全的事态时，应采取的种种具体举措。其中，日本主要负责自身防卫与对美支援，美军负责攻势作战及对日支援作战。基于防卫合作指针，日美军事合作在这一时期得到显著加强，日美军事同盟关系也得到进一步强化巩固。1979年，日本首相大平正芳访美时首次使用了"同盟"一词。1981年日本首相铃木善幸访美，在与美国总统里根发表的《日美联合声明》中第一次写明两国为"同盟关系"，并表示日本作为"西方的一员"，"为了确保日本防卫及远东的和平与稳定，日美两国希望适当分担职责"①。1983年，日本首相中曾根康弘访美时表示要将日本建成"不沉的航空母舰"，以防止苏联轰炸机、军舰和潜艇南下。这些都表明日本决心要在日美军事同盟中发挥更大作用。

（三）冷战结束初期日美同盟再定义

冷战结束、苏联解体及自身经济上的成功，使日本民族自信心空前高涨，对美离心倾向增强，美国内也出现冷战后是否有必要继续保持美日同盟关系的争论。受日美经济摩擦加剧、围绕同盟负担分配问题存在分歧等因素影响，一时间日美处于"同盟漂流"的脆弱阶段。

然而，日美两国很快调整政策，着力稳定强化同盟关系。1994年8月12日，日本"防卫问题恳谈会"向村山富市首相提交《日本安全保障与防卫力量的应循状态》报告。该报告强调日美同盟的重要性，认为"日美安全保障条约即便在冷战后的安全环境下仍然是日本自身防卫不可或缺的前提"②。另一方面，1995年2月，美国国防部发表了《美国对东亚—太平洋地区的安全战略》报告（又称《东亚战略报告》），高度评价了美日同盟的意义，称"没有比我们

---

① 五百旗头真：『戦後日本外交史』、有斐閣アルマ、2014年、ページ193。
② 防衛問題懇談会：『日本の安全保障と防衛力のあり方 - 21世紀へ向けての展望 - 』（樋口レポート）、大蔵省印刷局、1994年、ページ16～17。

同日本的双边关系更重要的了,这是我们的太平洋安全政策及全球战略目标的根本,我们同日本的安全同盟是美国亚洲安全政策的关键"[1]。该报告明确,重新强化美日同盟将是美国东亚战略的核心。

1996年4月17日,日美两国首脑发表《日美安全保障共同宣言——面向21世纪的同盟》,高度评价日美同盟在冷战期间所发挥的作用,强调同盟在冷战结束后依然具有重要价值。宣言对双方在同盟中各自承担的义务、合作领域和范围做了新的界定,并提出"为增进日本与美国之间业已形成的密切合作关系,将着手修改1978年制定的《日美防卫合作指导方针》"[2]。

1997年9月23日,日美安全协商委员会(SCC)在纽约发表了《日美防卫合作指针》。新的防卫合作指针进一步细化了日美军事合作,将其分为三个层次:平时的合作、日本遭受武力攻击时的合作、日本发生"周边事态"时的合作。与1978年的旧指针相比,新指针将日美同盟的合作重点从"日本有事"扩展至"日本周边",并明确了两国在不同事态下协调合作与相互支援的基本方向。日美军事同盟关系也由此被重新定义,安全合作的基础从日本向美国提供基地换取美国保卫日本,逐步转变为日美就亚太地区的安全问题展开合作。同盟目标从以对抗苏联这一特定敌人,转向应对整个亚太地区的安全事态[3]。

为落实新指针,1999年4月26日,日本众议院通过了《周边事态法》《自卫队法修正案》和《日美相互提供物资和劳务协定修正案》,作为《日美防卫合作指针》的三项补充法案,允许日本政府在美军介入日本"周边"军事冲突时派兵为美军提供海上搜救、后勤支援等后方支持,遏止和干预"周边事态"成为冷战结束后日美军事同盟的一项新使命。

---

[1] 参见Office of International Security Affairs, United States Security Strategy for the East Asia-Pacific Region, Department of Defense, February 1995, p10。

[2] 『防衛ハンドブック2015』、朝雲新聞社、2014年、ページ303。

[3] 防卫大学安全保障学研究会编著,刘华译:《日本安全保障学概论》,世界知识出版社,2012年版,第317页。

（四）"9·11"事件后日美军事同盟的调整

"9·11"事件以后，日美安全合作范围、领域和对象开始出现新的调整变化，日美军事同盟关系得到进一步深化。

首先，合作范围开始打破"地区"的限制。依据2001年11月出台的《反恐怖特别措施法》，日本为美军提供后方支援的范围已经不再受地理范围的限制，由以往的日本周边地区扩大到了所有公海及其上空和当事国同意的外国领土。同时，开展对美支援行动由之前的事前报国会审批调整为事后承认，大大降低了日本使用军事力量的门槛。其次，合作领域不断拓展多元。2005年2月的日美外长、防长"2+2"会议上，两国不仅列出周边地区安全等传统安全合作目标，还将反恐、能源安全等非传统安全问题也列为同盟合作的战略目标，合作范围进一步扩大。2007年5月的日美外长、防长"2+2"会议上，双方发布了《同盟的变革：日美安全保障与防卫合作的进展》，确定日本成立生物、化学、放射性及核防护工作小组，拓展了军事合作的领域。此外，针对国际战略形势变化和"新型安全威胁"，日美还在太空、网络、极地和深海等新兴领域逐步开展合作。第三，合作对象更趋多元。在美国主导、日本推动下，两国依托日美军事同盟，强化与澳大利亚、韩国、印度和东南亚国家的多边军事交流合作，通过联合演训、装备技术支援等方式增进交流，积极推进地区多边安全合作，使地区内安全格局呈现出以日美同盟为核心、多边军事合作为支撑的网状体系。日美军事同盟的影响力也随之不断拓展增强。

二、当前日美军事同盟的现状分析

2012年以来，日本政府在安保领域采取了一系列新举措，包括出台首部《国家安全保障战略》、解禁集体自卫权、修改"武器出口三原则"、出台"新安保法案"等，使日本安保政策产生重大调整，日美军事同盟也随之产生诸多新发展新变化。

（一）当前日本强化日美军事同盟的战略考量

1. 应对地区安全形势变化的战略需求

当前，亚太地区是世界上经济发展最快的地区，并有望成为全球最具活力的政治经济中心。但另一方面，亚太地区也面临诸多安全挑战。特别是日本政府将朝鲜视为最迫切的威胁之一，认为"朝鲜核武器和弹道导弹能力的增强是日本及国际社会和平与稳定前所未有的重大、紧迫威胁"[①]；认为中国军队建设发展与军事活动增加对日本构成威胁。出于这些考虑，在强化日美军事同盟关系的同时增强自身军事实力，成为日本安全政策的优先选项。

2. 提升军事实力的内在动力

二战结束以来，长期执政的自民党政府实现强大日本，并使日本成为"正常化国家"的愿望长期存在。强大的军事实力正是日本实现这一目标的必要支撑。他们认定国家战略中的"军事短板"一定要尽快补上，"军事弱"则其他皆弱。为此，日本在积极增强自身军事力量的同时，也期望借助日美军事同盟这一平台，获取美国对其发展军力的认同与支持。从美国方面来看，美国由于综合实力相对下降，急需同盟分摊防务责任。为此，美国对于日本在同盟框架内增强军事力量、行使集体自卫权均采取积极支持态度。2017年12月18日，特朗普政府发布新版《美国国家安全战略》，指出美国需要其盟友做出相同的努力：实现现代化、获得必要的能力、提高战备状态、扩大军队规模，具有明确赢得胜利的政治意愿[②]。 这给予日本更大空间发展自身的军事能力。

3. "借船出海"提升国际影响力

日本《国家安全保障战略》中，明确提出要"通过不断的外交努力和进一步的人力贡献，加固基于普遍价值观或原则的国际秩序，在解决纷争过程中起

[①] 日本外务省：『平成30年版外交青書（外交青書2018）』、2018年、https://www.mofa.go.jp/mofaj/gaiko/bluebook/2018/pdf/pdfs/1.pdf。

[②] The White House, "National Security Strategy of the United States of America", Washington DC, December 2017, p.46.

到主导作用"①。为达成这一目的，日本将始终"以日美同盟为基轴，扩大、深化与各国的合作关系"②。通过借助日美同盟框架内的各种军事演习，日本能够更广泛地参与地区和全球安全事务，逐步将军事影响力延伸至海外，从而拓展自己的国际空间和军事实力，强化日本在国际安全事务中的角色。

（二）当前强化日美同盟的具体举措

为实现上述战略意图，日本从机构设置、军事行动、联合演训等诸多方面入手，进一步密切强化日美军事同盟关系，并期望能够不断提高自身在同盟中的地位作用，构建起伙伴型同盟关系。

1. 修订防卫合作新指针调整同盟发展方向

为应对更趋复杂多变的地区环境和国际局势，增进日美之间业已建立的密切合作关系，构建更加高效有力的同盟体系，日美双方在2013年10月3日举行的日美外长、防长"2+2"会议上，就修订1997年《日美防卫合作指针》达成一致。2015年4月27日，日美公布新的《日美防卫合作指针》（以下简称"15指针"），决定继续强化日美军事同盟关系，在亚太及全球构建"从平时到发生各种事态时的无缝合作态势"。

与"97指针"相比，"15指针"的主要变化有：合作时机，从"平时、日本有事、周边事态"三种调整为"从平时到紧急事态时的任何情况下"，并具体区分为五种情况。其中，新增的"灰色地带事态"，在定位解释上具有很大的模糊空间，为日美根据需要开展联合军事行动提供了便利。合作空间，从"日本及其周边"扩大到"日本、亚太以及亚太以外地区"，乃至太空和网络等新兴领域。"15指针"多次强调日美军事合作的"全球"属性，并明确提出不再为合作设置地理限制。合作对象将不限于日美双方，还将包括韩国、澳大

---

① 『国家安全保障戦略について』、日本防衛省、2013-12-17、http://www.mod.go.jp/j/approach/agenda/guideline/pdf/security_strategy.pdf。
② 日本防衛省：『平成26年度以降に係る防衛計画の大綱について』、2013-12-17、http://www.mod.go.jp/j/approach/agenda/guideline/2014/pdf/20131217.pdf。

利亚以及东南亚国家等伙伴国家。除此之外,"15指针"还细化明确了日美军事行动的诸多样式,强调日美之间的"无缝"军事合作,并明确在多数行动中以自卫队为主,美军为辅,大大提升了自卫队在军事同盟中的地位。日美军事同盟显露出由"地区型"向"全球型"、"主从型"向"伙伴型"、"传统安全型"向"多域合作型"转变的态势。

依据"15指针"精神,为更加高效地实现日美之间的密切协调合作,日美两国在现有安全协调机制(参见表15)的基础上,又新设立了同盟协调机构(ACM)和联合方案制定机构(BPM)。同盟协调机构的作用在于实现日美两国各个层级的业务部门之间的即时联系协调,进行共享情报和态势分析,密切彼此之间的合作关系。联合方案制定机构能在紧急事态下提升日美联合行动能力,在平时则注重制定联合行动计划方案。上述机构在密切日美联系、开展联合行动中均发挥了积极作用。

2. 出台"新安保法案"保障日美军事合作顺利开展

"15指针"中的日美军事合作原则与措施属于两国政府之间的防务安排,并没有法律效力,有些地方甚至与日本既有的法律、法规相抵触。为此,日本政府在"15指针"公布后,加快推进新安保法案[①]的出台及实施。"新安保法案"的核心就是解禁集体自卫权,即让日本获得即使自身未受到攻击,也能协助第三国使用武力参与阻止的权利[②]。《武力攻击暨存立危机事态法》第2条就明确规定,即使日本没有受到直接攻击,但认为自身"存立"受威胁、"国民自由和追求幸福的权利有从根本上被倾覆的危险"时,也可出动自卫队行使武力。这就使日本协助第三国开展军事行动成为可能。而新修订的《国际和平支援法案》则赋予日本海外永久性派兵权,为自卫队在应对所谓的"紧急事态"

---

① 所谓"新安保法案"是日本政府经过多年酝酿,在安倍政权的积极推动下于2015年获得众参两院批准,并于2016年3月开始正式生效实施的一系列法案的总称。该法案由两部分组成,一是《和平安全法制完善法案》,由《自卫队法修正案》《联合国维和行动(PKO)合作法修正案》《重要影响事态法修正案》《船舶检查法修正案》《武力攻击·存立危机事态法修正案》《美军行动相关措施法修正案》《特定公共设施利用法修正案》《海上运输管制法修正案》《俘虏待遇法修正案》和《国家安全保障会议设置法修正案》等10部法律的修正案综合而成;二是《国际和平支援法案》,是一部随时允许为应对国际争端的他国军队提供后方支援的新法。

② 読売新聞政治部:『安全保障関連法案——変わる安保体制』、信山社、2015年、ページ3。

时能够随时向海外派兵、向各外国军队实施支援活动提供法律依据。

"新安保法案"的通过，为"15指针"规定的日美防务合作提供了法律保障。日本超出了此前同盟中只能为美国提供基地和后援的从属角色，不仅可以协助美国，还可以在与美国并肩作战的名义下，不受约束地参与美军的作战行动，提升干预地区和全球事务的能力，在同盟关系中的地位和作用都大大提高。

表15　当前日美之间的主要安全协商机制[①]

协商场合	法律依据	目的	成员或参加人员 日方	成员或参加人员 美方
日美安全保障协商委员会（SCC）（"2+2"会谈）	按照安保条约第4条，以及日本首相与美国国务卿1960年1月19日的往来书信设置（1990年12月26日后美方成员变为国务卿和国防部长）	为增进日美两国政府间理解，以及强化安保领域的合作关系，构筑安保的基础，并就此类问题进行研究	外务大臣、防卫大臣	国务卿、国防部长（1990年12月26日以前是美国驻日大使、驻太平洋美军司令）
日美安全保障高级事务级协商（SSC）	安保条约第4条	就日美双方彼此关心的安保领域相关问题交换意见	参加人员不固定（通常为两国副部级或局级官员参加）	
日美联合委员会（JC）	美军地位协定第25条	就有关地位协定的实施问题进行磋商	外务省北美局长、防卫省地方合作局长等	驻日公使·参赞、驻日美军副司令等
防卫合作小组委员会（SDC）	自1976年7月8日起，作为日美安保协商委员会第16次会议的下属机构而设置。1997年9月23日的安保协商委员会中，日方成员增加了防卫厅运用局长	就日美合作应循状态进行研究磋商，这其中包括为确保在紧急状态下自卫队和美军之间能够采取联合行动而实施相关措施的方针	外务省北美局长、防卫省防卫政策局长、防卫省运用企划局长（1997年9月23日以来）、联合参谋部代表	助理国务卿、助理国防部长、驻日大使、驻日美军及参联会的代表

[①] 日本防衛省：『平成30年版防衛白書』、2018年、ページ273。

3. 深化多领域军事合作密切日美联系

"15指针"对日美双方在情报搜集、联合反导、装备技术交流等诸多领域的深度合作进行了具体规定。

一是深化情报、监视、侦察（ISR）领域的合作交流。强化情报交流是"15指针"重点强调的日美防卫合作内容。无论在平时还是紧急事态下，情报领域的交流合作都是日美合作的首要内容。近年来，日本在已有情报交流磋商机制的基础上，采取多种手段进一步完善情报交流体制机制建设。日美防卫当局于2013年2月新设课长级的ISR作业平台，从而构建起由政府首脑、防卫部门长官、军种长官、作战单元等各个层级组成的情报交流磋商机制，推动反导等相关情报的共享交流。此外，日美还着力推进与韩国等第三方的情报交流共享，在区域内构建情报共享的大平台。

二是积极构建联合反导体系。为有效应对朝鲜导弹威胁，日美在联合反导领域开展深入合作，构建起从导弹预警到打击毁伤的完整体系。目前，日本自卫队在已配备"宙斯盾"驱逐舰、"爱国者-2"反导系统等武器装备的基础上，近年来着力提升反导武器性能，将部分"爱国者-2"升级为"爱国者-3"，并更新升级"宙斯盾"系统，增强目标追踪拦截能力。同时，日本还计划在2019年购买2套陆基"宙斯盾"系统，以增强提前预警探测能力[①]。美军则通过在日本京都部署第二部X波段雷达，在三泽部署"全球鹰"无人机等手段，强化对弹道导弹的提前发现探测能力。

三是加强装备技术合作。日美之间依据《日美安保条约》和1954年3月签署的《日美相互防卫援助协定》，开展向对方提供装备、器材和劳务等防卫合作，推进两国在装备技术领域的交流合作。目前，日美正在联合研发"标准-3"Block ⅡA型反导拦截导弹，两国就F-35战机的技术交流也在加强，之前日本向美订购42架F-35战机，其中4架是在美国生产，其余38架将由日本

---

① 日本防卫省：『我が国の防衛と予算——平成31年度概算の概要』，http://www.mod.go.jp/j/yosan/2019/setsumei.pdf。

三菱重工在本土组装生产。这意味着日本将成为未来F-35在亚太地区作战使用、维护的前沿节点。

4. 通过联合演训增强联合作战能力

日本认为与美军开展联合演训，不仅能在战术层面加深相互理解，增强日美联合应对能力，也有助于提升日美各自战术技能，还能够向外界展示日美之间合作的意愿和能力，达到战略威慑的效果。为此，日美在军种和作战部队各层级频繁举行各种联合演训，持续提升日美两军互通性及联合作战能力。除每年例行的"铁拳""联合利剑"等双边演习外，日本还积极参与美国主导的多边军事演习，如"环太平洋"联合军演等。近年来，日美还频繁以"夺占离岛"为演习背景开展联合演训。2013年6月，日本自卫队首次加入在美国加利福尼亚举行的"黎明闪电"联合夺岛演习，出动了"日向"号直升机驱逐舰和"宙斯盾"驱逐舰等主力舰艇，在实战环境下演练与美协同"夺岛能力"。

5. 探索开展网络、太空等新兴领域合作

为应对"新型安全威胁"，日美以全球公域（网络和太空等）的合作为侧重点，强调情报交流、技术合作和能力互补。

太空领域合作方面。自2010年9月举行第一次日美太空问题磋商以来，双方已建立起定期磋商机制。2012年4月的日美首脑会谈上，双方达成一致，决定在民生及安保领域深化太空伙伴关系举行一揽子对话，并于2013年3月举办首次日美太空安全领域一揽子磋商。为促进日美防卫部门太空领域的合作，日美还设置了"太空合作工作小组"（SCWG），2015年10月、2016年2月和2017年2月连续举行了三次会谈。通过会谈，日美期望在推进太空相关政策协议、密切情报共享、联合培养专业人才和实施模拟推演等方面取得进展。

网络合作方面。日美于2013年10月在防卫部门之间设立"日美网络防卫政策工作小组"（CDPWG），进行情报交流、人员培训、技术研发等项目合作，就网络安全问题进行磋商讨论。同时，根据"15指针"精神，2015年5月

CDPWG发布共同声明称，作为日美安全合作的重要组成部分，自卫队和美军将进行网络攻防演练、情报交流共享等项目合作。

三、日美军事同盟的发展趋势

可以预见，日美从各自战略利益出发，将进一步强化军事合作，积极构建以日美军事同盟为核心的地区安全架构，谋求对地区乃至国际安全事务的主导权和影响力。

（一）日本在同盟关系中地位作用将有所提升

"15指针"出台后，日美军事同盟中"美主日从"的地位格局将逐步向美日平等的方向发展，日美在联合军事行动中的分工也将由日本主要承担"后方支援"任务向"自卫队为主、美军为辅"的格局过渡[1]。"15指针"反复强调，当日本遭受攻击时，自卫队将成为本土、周边及外围作战的主力，美军负责支援与补充作战。即便在实施跨领域作战，不到万不得已，自卫队不会请求美军支援。美国将从2020年上半年起，将驻扎在日本本土的9000名海军陆战队员撤离日本[2]，让日本承担更多义务[3]。

（二）日美联合作战一体化程度将进一步提高

2011年6月的日美外长、防长"2+2"会议，以及2012年8月、2013年4月的日美防长会议，均提出日美两军要加强联合训练，共同使用基地，联合开展情报、监视、侦察活动，以便提高日美联军的战斗力、互操作性、应急反应能力、机动性和行动的可持续性。2013年2月，为更好地搜集和分析亚太地区的情报与资讯，日美防务部门设立"情报、监视、侦察工作小组"。为加强对联合军事行动的指挥控制，"15指针"提出，今后要常设联合指挥协调机构。

---

[1] 刘世刚：《日本军事基本情况》，军事科学出版社，2016年版，第705页。
[2] 厚生労働省：『駐留軍関係離職者等臨時措置法の改正について（報告）』、2017-12-7、https://www.mhlw.go.jp/file/05-Shingikai-12602000.../0000188647.pdf。
[3] 日本防衛省：『平成30年版防衛白書』、2018年、ページ292。

2013年前后,日本自卫队与驻日美军的军种指挥机构已顺利实现同地或同楼办公,日本自卫队"联合参谋部—联合任务司令部—军种部队"三级指挥体制与"美军太平洋司令部—驻日美军司令部—军种部队"三级指挥体制对接,日美 C^{4}ISR 系统(指挥、控制、通信、计算机、情报、监视、侦察)也已基本实现互联互通。未来,日美联合作战指挥控制一体化程度必将越来越高,并逐步深入到战术层次。

(三) 日本将继续推动构建"日美+X"安全合作体系

日美在持续加强双边同盟的同时,也在推动同盟与其他国家的安全合作,2017年的日美"2+2"会议上,双方提出:"推进日美与韩国、澳大利亚、印度、东南亚各国等地区伙伴的三国合作及多国合作。"[①] "日美+X"的安全合作体系将进一步深入发展。一是合作机制上,以"日美韩""日美澳""日美印"等三边防长会谈为模板,积极拉拢地区其他国家,形成多边高层防务会谈机制,从而使日本在地区安全事务中发挥更多的作用。二是合作领域上,对于较为成熟的"日美韩""日美澳""日美印"多边平台,日美将合作领域从传统安全扩展到反恐、防扩散等非传统安全合作。对于东南亚国家等安全合作伙伴,日美将先由救灾、人道主义救援等低敏感度议题开始,逐步扩展至反恐、防扩散等敏感度较高的领域,进而向联合演训甚至联合作战方向发展。

四、日本与其他国家的双边安全合作

除强化与美国的安全合作之外,日本还以"积极和平主义"为名,通过高层会谈、联合演习训练、装备技术合作、人员交流培训等形式,大力发展与澳大利亚、印度以及东南亚国家的双边安全关系,以扩大地区影响力,增强在地区及国际安全事务中的地位作用。

---

① 日本外务省:『日米安全保障協議委員会(「2+2」)共同発表(概要)』、2017-8-17、https://www.mofa.go.jp/mofaj/na/st/page4_003209.html。

（一）日澳军事安全关系

日本将澳大利亚定位为亚太地区"特殊的战略伙伴"，积极推进与澳安全合作。从1992年日澳两国在柬埔寨维和行动中首次开展双边安全合作，到2007年日本首次与美国之外的国家澳大利亚签署《安全保障联合宣言》，再到双方签署《物资劳务互助协议》（2010年）、《情报安全协议》（2012年）和《防卫装备与技术转移协议》（2014年），二者军事领域的交流合作不断扩展。

近年来，日澳安全合作主要表现在三个方面。一是防务部门高层频繁互访。据不完全统计，2015年4月至2018年6月，日澳政府首脑及军事部门领导人（军种参谋长级别以上）互访达21次[①]。双方除磋商安全合作、联合演训、技术交流等事项外，还就朝鲜半岛核问题、确保日美澳三国维持在南海地区的存在等进行讨论[②]。二是开展多领域联合演习训练。双方通过实施潜艇联合训练、空中加油、舰机互访等多种形式，着力构建能够相互支撑、相互信任的联合作战力量体系。三是积极参与由美国主导的多边安全合作。日美澳局长级安全防务合作磋商，自2007年4月以来已举行9次[③]，同时三方还积极推进军事情报交流共享、陆海空各领域的联合演习训练等活动，着力提升一体化联合作战能力。

（二）日印双边安全关系

日本十分看重印度的战略地位，与印度建立了"特殊的全球战略伙伴关系"。双方先后签署了《安全合作联合宣言》（2008年）、《防卫合作与交流备忘录》（2014年）、《防卫装备与技术转移协议》（2015年）和《秘密军事情报保护协定》（2015年）等一系列文件，建立起两军各层级的对话交流机制，

[①] 日本防衛省：『平成30年版防衛白書』、2018年、http://www.mod.go.jp/j/publication/wp/wp2018/html/ns047000.html。

[②] 日本防衛省：『平成30年版防衛白書』、2018年、http://www.mod.go.jp/j/publication/wp/wp2018/html/n32104000.html。

[③] 日本防衛省：『平成30年版防衛白書』、2018年、http://www.mod.go.jp/j/publication/wp/wp2018/html/n32104000.html。

并定期举行双边及多边联合演习。

具体而言,一是积极构建防务交流合作机制。据统计,两国政府首脑及军事部门领导人(军种参谋长级别以上)自2015年11月至2018年3月间进行了14次互访[①]。目前,日印防务交流机制包括:国防部长对话、副部长级对话,防卫装备与技术领域的事务性磋商,以及两军在反海盗、人道援助和救灾、反恐方面的对话交流等一系列对话磋商机制。二是开展双多边联合军事行动。近年来,日印双多边联合军演的频率、规模和层次不断提升。2012年和2013年,两国分别在日本近海和印度洋海域举行了两次联合训练。2014年起,两国每年都与美国举行"马拉巴尔"联合军演,进行情报通联、航母打击、反潜搜索、海域封控、海上搜救等科目演练。2017年7月以来,日本海上自卫队和印度海军实施了7次共同训练[②]。三是强化与印度的装备技术合作。2014年,日本修改"武器出口三原则"后,积极谋求打开国际市场。2015年3月,印度国防部长访问日本,双方讨论了印度海军采购日本海上自卫队目前装备的US-2水上飞机和邀请日本"苍龙"级潜艇加入其海军舰队招标等事宜。日本军工企业还根据印度海军任务需求,特别研发了专供印度使用的型号US-2I,对一些机载设备做了调整。印度向日本购买US-2I水陆两用机的协商被纳入日印首脑会谈范畴[③]。在澳大利亚潜艇招标失利之后,日本期望印度成为其对外军售的突破口。

(三)与东南亚国家的双边安全关系

日本在强化与东南亚国家的传统经济联系的同时,越来越重视与其发展安全关系,以提升在东南亚地区的影响力。近年来,日本以南海问题为抓手,以保障"航行自由"和航路安全为名,强化与菲律宾、越南等国的防务安全合作

---

① 日本防衛省:『平成30年版防衛白書』、2018年、http://www.mod.go.jp/j/publication/wp/wp2018/html/ns049000.html。

② 日本防衛省:『平成30年版防衛白書』、2018年、http://www.mod.go.jp/j/publication/wp/wp2018/html/n32104000.html。

③ 『印首相、10月下旬来日へ　中国にらみ安保連携　インフラ整備で協力』、日本経済新聞、2018-9-21、https://www.nikkei.com/article/DGXMZO35665510R20C18A9000000/。

关系。

首先，强化日菲安全关系。2015年1月，日菲签署《防卫合作与交流备忘录》，决定定期开展防卫部门高层互访、实施联合演训以及非传统安全领域合作，增强两军交流。同时，日本加大向菲军事援助的力度。2015年6月，日本与菲律宾签署战略合作协议，承诺向菲律宾无偿援助10艘巡逻艇。2017年1月，双方又签署协议，日本承诺赠款520万美元为菲律宾海岸警卫队购置高速巡逻艇，并由日本海保厅为菲律宾海岸警卫队进行人员培训。2017年3月，日本依据2016年与菲律宾达成租借5架TC-90教练机的协议，将其中2架交付菲海军，帮助其提高海洋侦察监视能力。2018年3月26日，在菲律宾马尼拉近郊的海军基地完成另外3架交接仪式，2017年3月移交的2架有偿租借从2018年3月27日起变更为无偿转让，这是日本首次无偿向外国转让防卫设备[1]。此外，日本海上自卫队也加大了与菲律宾海军的交流合作力度。2017年6月，"出云"号直升机驱逐舰编队访问苏比克港，2018年9月，"加贺"号直升机驱逐舰编队再次访问苏比克港，菲律宾总统杜特尔特两次都登船参观。仅2018年2月至9月，日本军舰就曾五度访问菲律宾，凸显出日菲的紧密关系。在联合演习方面，2017年9月，日本首次派遣部队参加了美菲"肩并肩"联合军演。2017年6月、9月、11月及2018年2月，日本海上自卫队多次派舰机与菲律宾海军开展搜救演习[2]。2018年10月，日本水陆机动团首次参加在吕宋岛的美菲"海上勇士合作"联合演习[3]，此次演习中，日本装甲车在二战后首次开上外国领土。这是日本自卫队在二战后70多年来的一次重大突破。

其次，深化与越南防务合作关系。防务合作机制方面。2011年10月，两国签署《防务合作备忘录》，开启日越实质性防务合作进程。2014年3月，日越两国关系正式提升为"致力于亚洲和平与繁荣的纵深战略伙伴关系"，其中

---

[1] 日本防衛省：『福田防衛大臣政務官のフィリピン訪問（結果概要）』、2018-3-27、http://www.mod.go.jp/j/profile/minister/docs/2018/03/27_j-phil_gaiyo.html。

[2] 日本防衛省：『平成30年版防衛白書』、2018年、http://www.mod.go.jp/j/publication/wp/wp2018/html/n32104000.html。

[3] 平成３０年度米比共同訓練（カマンダグ１８）への参加について，www.mod.go.jp/gsdf/news/press/2018/pdf/20180910.pdf。

防务合作为重要支柱。2018年4月，日本防卫省与越南国防部签署《面向下个十年的日越防务合作共同愿景声明》。迄今，两国已建立了"战略伙伴关系对话""防务政策对话""安全事务对话"三大防务合作机制。装备援助和人员培训方面。2015年以来，日本先后向越南渔监和海警提供了6艘二手巡逻艇。2017年1月，安倍访越时承诺再向越方提供6艘新建巡逻艇。2012～2015年，日本连续4年在越南举办水下医疗培训班，该项目与越海军潜艇保障息息相关。此外，日越在舰船互访、联合演习、情报分享等领域的合作亦较为突出。2016年4月，日本海上自卫队舰船及P-3C巡逻机前往越南岘港参加两国联合军演，日本驱逐舰二战后首次停靠越南。2017年5月，日本海上自卫队直升机驱逐舰"出云"号编队访问越南金兰湾。2018年9月，日本海上自卫队舰船在南海进行反潜作战训练后，日本潜艇首次在金兰湾停靠。

再次，发展与印尼、马来西亚等地区国家的安全关系。除菲律宾和越南之外，日本还通过人员互访、军事援助、联合演习等形式，逐步加强与其他东南亚国家的安全关系。如，日本与印尼已达成定期召开外长、防长"2+2"会谈及事务级磋商的协议，并计划在军事装备与技术、人道主义援助、反恐等诸多领域展开合作；向马来西亚提供1艘大型巡逻船，以提高其海上警备能力；与泰国长期开展军事人才培训交流；派舰参加新加坡海军成立50周年阅舰式等等。

（四）日韩军事安全关系

日本重视与韩国的双边安全合作。由于历史和现实原因，日韩军事安全合作一直未有突破性进展。在美国的推动下，日韩于2016年11月签署了二战后首份军事合作协定《军事情报保护协定》，商定共享包括朝鲜核与导弹项目等在内的军事情报。但日韩之间缺乏互信，特别是不少韩国民众对上届政府仓促与日本签署《军事情报保护协定》深表不满，该情报合作的前景及实际效果还有待进一步观察。

五、日本与印太战略

近年来,日本积极推进所谓"自由与开放的印度太平洋战略"(以下简称"印太战略"),意图与美澳印等地区内国家在安全、经济等领域强化合作,提升日本的主导力和影响力。早在2016年8月在肯尼亚举行的第六届"东京非洲发展会议"上,日本首相安倍晋三就提出该战略,呼吁要在印度洋和太平洋地区建立由和平规则所主导的秩序。随后,日本在多个场合积极呼吁并推动"印太战略"落地。2017年8月,在马尼拉举行的东亚峰会外长会上,日本外相河野太郎与美国国务卿蒂勒森和澳大利亚外长举行战略对话,9月在联大期间又与蒂勒森和印度外长进行了三边会晤。11月5日,特朗普访日期间,提出"要推进建设自由、开放的印度太平洋地区",日本政府随即表示,日美两国已就这一目标达成共识。11月13日,在马尼拉举行的东亚首脑峰会上,安倍与特朗普以及澳大利亚总理特恩布尔举行三边首脑会谈,确认将共同推进这一战略。2018年1月18日,日本、美国、印度和澳大利亚四国海军高官齐聚在新德里举办的瑞辛纳对话会,日美澳等国表明了要通过建立日美澳印四国军事同盟来扭转"印太"地区大国力量对比失衡态势的立场。11月13日,美国副总统彭斯访日,双方确认了继续由日美主导,澳大利亚、印度及东盟各国合作,实现"自由开放的印太"构想。双方表示对"印太"地区日美切实开展合作表示欢迎[1]。近期,安倍将所谓"印度洋−太平洋战略"改为"印度洋−太平洋构想"[2],有可能是为了赢得东盟国家的更多支持。

---

[1] 『ペンス米国副大統領の訪日』、外務省、2018-11-13、https://www.mofa.go.jp/mofaj/na/na1/us/page3_002610.html。

[2] 《印太"战略"变"构想"?日本此举有何考量》,海外网,2018-11-14,http://nanhai.haiwainet.cn/n/2018/1114/c3542185-31437398.html。

第四章
军事活动

冷战时期，日本自卫队的活动仅限于"灾害派遣""应对侵犯领空"和"海上扫雷"等行动。自20世纪90年代起，日本政府以应对朝鲜弹道导弹威胁、反对恐怖主义、打击索马里海盗等事件为契机，大幅放宽自卫队在开火条件、活动范围、任务类型等方面的限制。2016年3月29日，日本政府通过的新安保法案"和平安全法制"正式生效。据此，日本自卫队平时可以对日本周边海空域实施严密警戒监视，在发生"重要影响事态"时可以和美国在全球范围内共同实施军事行动；在主权受到侵犯时可以实施防卫，在与其"关系亲密的国家"受到侵害时也可以实施军事援助。

一、严密监控周边海空域

日本沿日本列岛构建了覆盖陆、海、空、天的全方位情报侦察系统，包括天基的情报收集卫星，空基的各型侦察机、预警机、巡逻机，海基的"宙斯盾"雷达和水下声呐基阵，陆基的对空警戒雷达等，以此对日本周边海空域目标实施严密监视。

（一）严密监控防空识别区内目标

日本于1969年8月29日开始实施防空识别区制度，其防空识别区基本沿用了战后驻日美军设定的防空识别区，为一围绕日本的环形带状区域[1]。在东海方向，日本防空识别区最近距中国浙江省海岸线仅130千米，甚至覆盖中国领

---

[1] 日本防卫省：『防衛庁訓令第36号』、1969-8-29、www.clearing.mod.go.jp/kunrei_data/a_fd/1969/ax19690829_00036_000.pdf。

土钓鱼岛和中国在东海的油气设施。2010年，日本防卫省将原来止于与那国岛上空的防空识别区扩大至该岛以西的领空外侧2海里，靠近中国台湾岛海域上空。

对于防空识别区内的外国航空器，日本航空自卫队主要通过E-767、E-2C等各型预警机、侦察机以及"佳其"陆基对空警戒雷达系统等侦察手段对防空识别区实施监控[①]。当外国航空器进入日本防空识别区，且日本认为其有可能侵犯日本领空的情况下，日本航空自卫队一般会紧急升空F-15、F-2、F-4等战斗机，对外国航空器实施跟踪监视，必要时采取应对侵犯领空措施。应对流程一般如下：（1）雷达系统发现航空器接近防空识别区；（2）核对已通报的飞行计划，确认为不明航空器；（3）通过国际紧急频率121.5及243兆赫兹，以日本航空自卫队的名义，用英语等语言向该航空器发出接近领空的警告；（4）紧急升空战斗机进行跟踪监视；（5）战斗机通过无线电实施警告"贵机正在接近日本领空，请迅速改变航向"；（6）继续实施无线电警告，并摆动机翼警告示意"跟我来"；（7）实施警告射击；（8）当战斗机或国土以及船舶受到攻击的情况下，实施防卫作战[②]。

值得注意的是，这些执行紧急升空任务的战斗机均为带弹飞行[③]。2016年12月10日，中国军队6架战斗机经宫古海峡空域赴西太平洋进行例行性远海训练时，日本航空自卫队出动一批两架F-15战斗机对中国战斗机实施近距离干扰并发射干扰弹。中国国防部发言人对此表示，日本军机的行为是"危险的、不专业的，破坏了国际法赋予的航行与飞越自由"[④]。

2013年11月23日，中国政府按照国际惯例公布划设了东海防空识别区，日本政府随即宣布不能接受，向中国提出交涉，并频繁对中方执行正常例行性

---

① 日本防衛省：『平成30年版防衛白書』、2018年、http://www.mod.go.jp/j/publication/wp/wp2018/html/n31201000.html。
② 香田洋二：『領域警備法を制定する必要性について』、チャンネルNippon、http://www.jpsn.org/special/collective/8934/。
③ 黒木耐：『戦うことを忘れた国家』、角川グループブラッシング、2008年、ページ124-125。
④ 《国防部就日本军机干扰中国军机正常训练表示严重关切》，中华人民共和国国防部，2016-12-10，http://mod.gov.cn/info/2016-12/10/content-4766241.html。

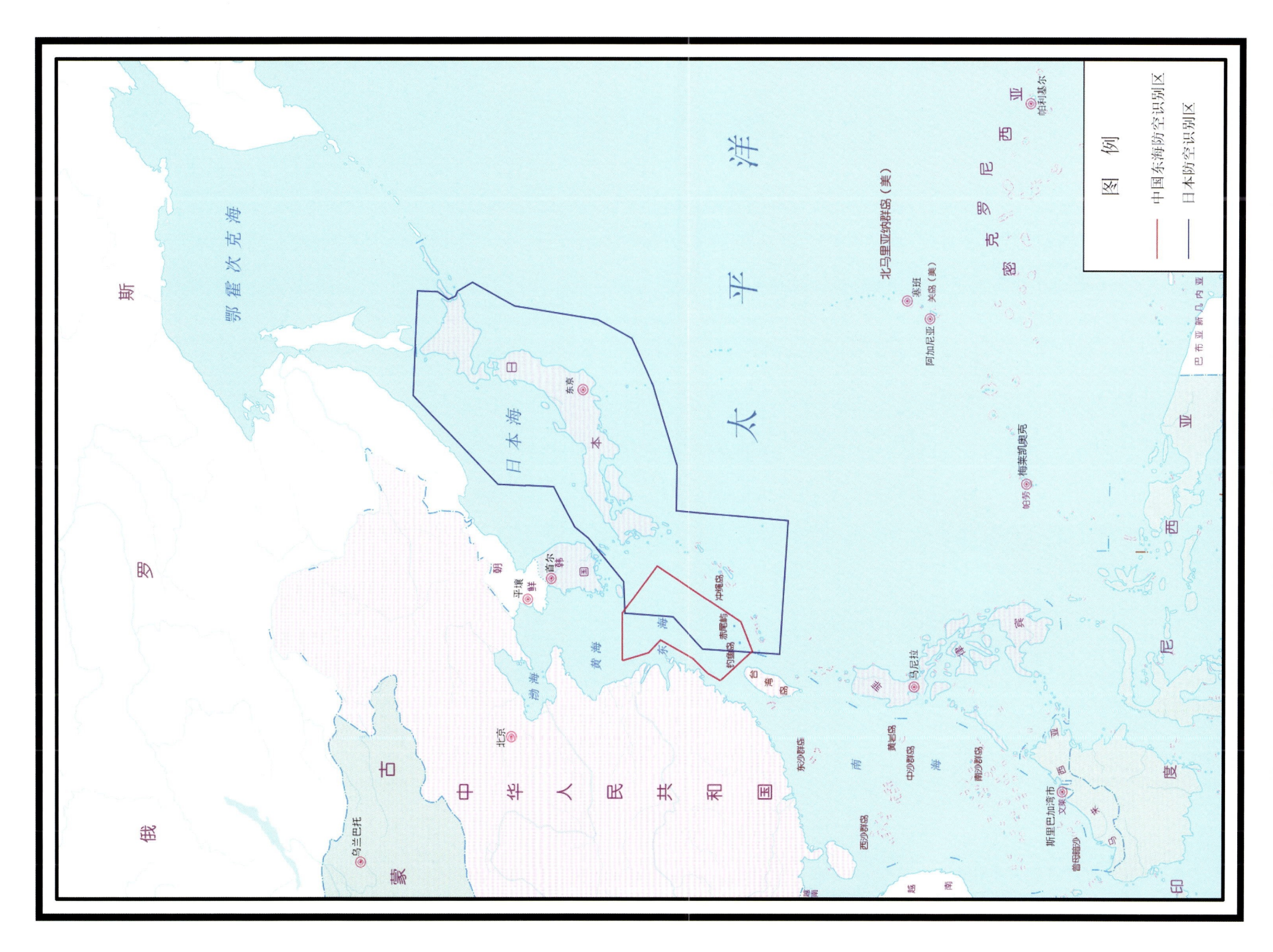

图13 中日防空识别区相对位置示意图【审图号：GS（2018）671号】

巡逻任务的战机实施长时间抵近跟踪监视，危险接近并干扰中国战机正常飞行活动。当日，日本航空自卫队2架F-15战机对中国空军巡逻机进行抵近跟踪监视，持续时间长达34分钟，最近距离仅10米左右。2016年6月17日，中国军队2架苏-30型战斗机在东海防空识别区进行例行性巡航时，日本航空自卫队出动2架F-15战机对中国战斗机实施高速逼近挑衅，甚至开启火控雷达进行照射。中国国防部发言人指出，日机的挑衅行动极易引发空中意外事件，危害双方人员安全，破坏地区和平稳定[1]。

表16　近年来日本战斗机紧急升空应对防空识别区内外国航空器情况[2]

年　度	紧急升空次数	国　籍				
^	^	俄罗斯	中国	朝鲜	台湾地区	其他
2017年度	904	390	500	0	3	11
2016年度	1168	301	851	0	8	8
2015年度	873	288	571	0	2	12
2014年度	943	473	464	0	1	5
2013年度	810	359	415	9	1	26
2012年度	567	248	306	0	1	12
2011年度	425	247	156	0	5	17
2010年度	386	264	96	0	7	19
2009年度	299	197	38	8	25	31
2008年度	237	193	31	0	/	6

---

[1] 《国防部就日方挑衅我巡航战机事答记者问》，中华人民共和国国防部，2016-7-4，http://www.mod.gov.cn/info/2016-07/04/content_4687271/html。

[2] 《日本防卫白皮书》2009年版至2018年版。

（二）严密监控周边海峡水道目标

日本由4个大岛和7000多个小岛组成，呈岛链状横亘在日本海、东海和太平洋之间。日本自卫队通过P-3C反潜巡逻机、音响测定舰、电子侦察机以及沿岸监视部队等手段对北海道周边、日本海、东海及周边海域实施24小时警戒监视，监控目标包括水面舰艇、潜艇、可疑船等。在发现不明目标后，立即派遣驱护舰或P-3C反潜巡逻机前往现场海域进行识别和跟踪监视。根据情况需要，有时也会紧急增派巡逻机和舰艇进行支援。当周边国家在日本附近海域举行军事演习时，日本海上自卫队也会派遣舰机实施侦察监视。

2013年10月23日至27日，中国海空兵力在冲绳东南的西太平洋的公海海域举行"机动5号"演习时，日本派遣侦察机和驱逐舰对中国海军演习实施连续侦察监视。其中，日海上自卫队107号舰不顾中方警告，进入演习区域长时间滞留，严重影响了中国海军正常的合法的演习演训活动[1]。2016年12月25日，日本自卫队派舰机对航经宫古海峡进入西太平洋实施远航训练的中国"辽宁"号航母编队，实施了高强度近距离跟踪监视。针对中国航母舰载机升空活动，日本航空自卫队还紧急升空了战斗机实施应对[2]。

值得注意的是，日本列岛及其附近诸多海峡是日本海、黄海、东海沿岸国家尤其是中国进出太平洋的重要通道。日本不应否定他国在其领海内用于国际航行的海峡中行使航行和飞越自由的权利。2016年6月15日，中国海军舰艇编队组织远海训练时，1艘舰艇航经吐噶喇海峡的日本领海。日本政府对此向中国提出抗议，称"吐噶喇海峡不是用于国际航行的领海海峡""对中国海军的活动表示全面担忧"。中方则表示"中国军舰通过吐噶喇海峡是根据《联合国海洋法公约》在用于国际航行的领海海峡行使过境通行权，其与船舶在领海中享有的无害通过权不可以混为一谈"[3]。

---

[1]《国防部就日本舰机闯入中方演习区提出严正交涉》，新华网，2013-10-31，http://news.xinhuanet.com/2013-10/31/c_117950607.htm。

[2]《我航母编队穿越宫古海峡突破第一岛链 日本战机紧急升空》，环球网，2016-12-26，http://world.huanqiu.com/exclusive/2016-12/9859259.html。

[3]《中方回应"中国军舰日前通过吐噶喇海峡"华春莹答记者问》，中国新闻网，2016-6-18，http://www.chinanews.com/gn/2016/06-17/7908235.shtml。

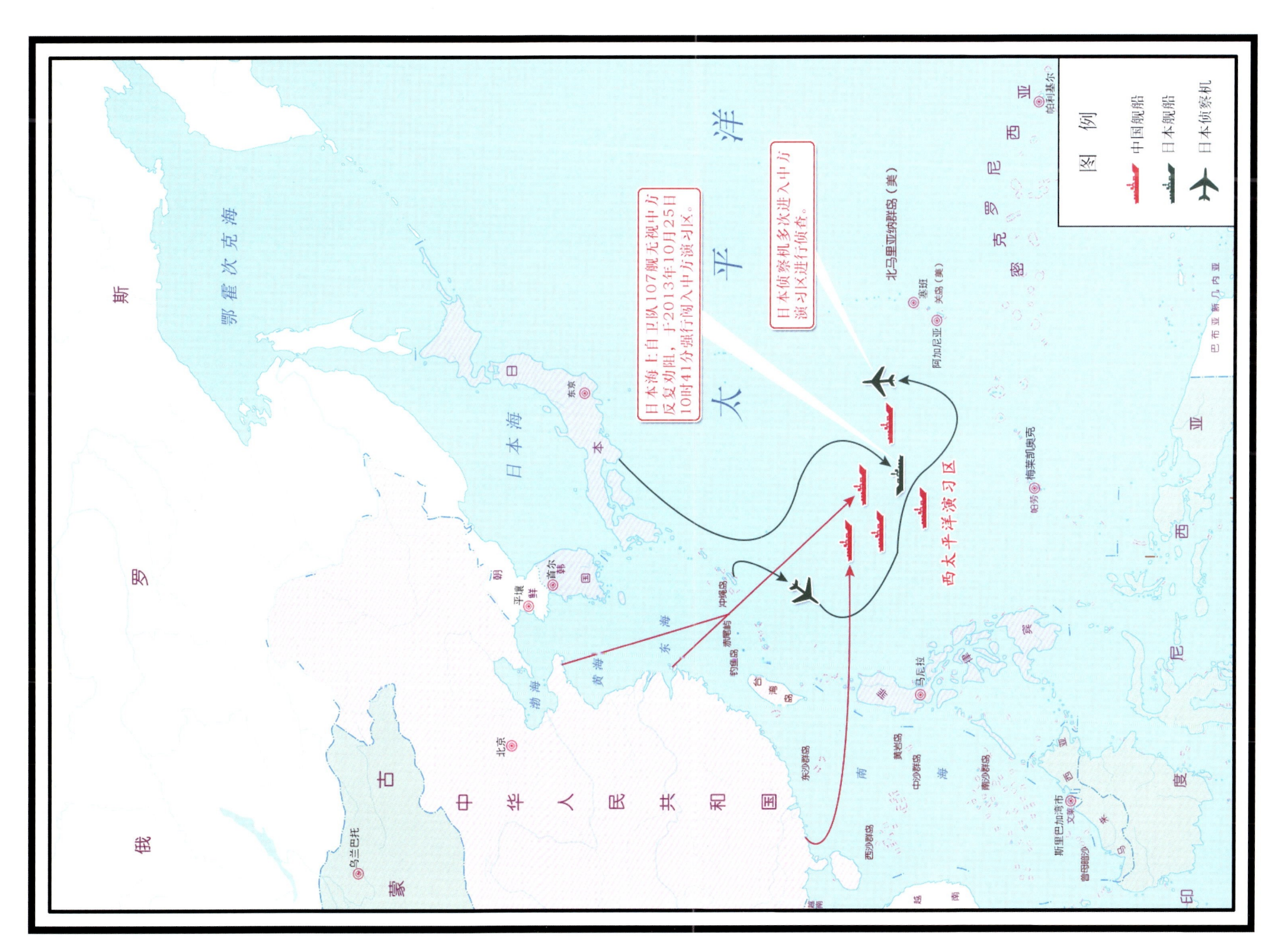

图14 日本舰机侦察干扰中国军演示意图【审图号：GS（2018）671号】

二、持续强化"管控"钓鱼岛

2012年9月11日,日本政府宣布将钓鱼岛"收归国有",引发中国政府强烈抗议。为维护国家领土主权和海洋权益,中国公务船在钓鱼岛海域实施常态化执法巡航,不定期进入钓鱼岛领海巡航。对此,日本自卫队和海保厅不断持续强化对钓鱼岛附近海空域的联合"管控"。

日本海保厅巡视船主要负责对中国公务船实施"警戒应对"。2016年2月,日本海上保安厅正式组建由12艘大型巡视船组成的钓鱼岛"专属部队",由海保厅第11管区负责指挥调度。该"专属部队"12艘巡视船中,除2艘是由现有载机巡视船改造升级外,其他10艘巡视船全部为新建最新型,标准排水量1500吨,配备20毫米机关炮和远距离喷水枪、停船显示屏等,高速机动能力强[1]。一旦中国执法船进入钓鱼岛领海,日本海保厅巡视船就对中国公务船实施严密跟踪监视,要求中国执法船"退出",并实时将现场图像传回日本国内,以便决策层根据海上情势迅速作出反应[2]。为强化夜间监视能力,加强对钓鱼岛周边的警戒,日本海上保安厅2018年4月12日表示将配备2架"猎鹰2000"型喷气式飞机,增加60名航空人员轮替运转,以实现"钓鱼岛24小时监控体系"[3]。11月9日,新型6000吨级"瑞穗"号巡视船进行了下水仪式,并将在2019年投入使用,用于执行管区内警备救援任务以及负责包括钓鱼岛周边海域在内的"治安维护"任务[4]。

日本自卫队主要负责对钓鱼岛附近海域实施侦察预警以及对中国飞机实施跟踪应对。针对中国公务船常态化巡航钓鱼岛海域,日本防卫省调派驻静冈县滨松基地的4架E-767预警机和驻青森县三泽基地的13架E-2C预警机轮流前往

---

[1] 『「尖閣警備専従部隊」完成へ 海保11管区、24日に2巡視船就役し14隻態勢で尖閣警備 全国最大に』、産経ニュース、2016-2-24、http://www.sankei.com/plitics/news/160224/plt1602240003-n1.html。

[2] 『尖閣の状況把握体制強化 海保 全巡視船から映像送信 本庁や官邸でリアルタイム視聴』、産経ニュース、2016-12-30、http://www.sankei.com/politics/news/161230/pl1612300004-n1.html。

[3] 『海保、尖閣航空要員を大型補強60人増で交代クルー制、新型機配備』、産経ニュース、2018-4-13、https://www.sankei.com/politics/news/180413/plt1804130004-n1.html。

[4] 《日本6000吨级巡视船下水》,《环球时报》,2018-11-9,http://mil.news.sina.com.cn/world/2018-11-09/doc-ihmutuea8596344.shtml。

钓鱼岛海域"执勤",建立24小时"警戒态势"。2012年12月13日,中国国家海洋局派遣1架Y-12型固定翼飞机赴钓鱼岛空域实施执法巡航。在钓鱼岛附近海域活动的日海保厅巡视船发现后立即通知防卫省,日航空自卫队随即派遣8架F-15型战斗机和1架E-2C型预警机前往钓鱼岛空域实施应对。2014年4月,日本航空自卫队在那霸基地新设预警机飞行队,常态化部署4架E-2C型预警机,强化对钓鱼岛附近海空域目标的"监视"[1]。2016年3月,日本陆上自卫队在离钓鱼岛150千米的与那国岛成立沿岸监视队,新建一座雷达站,进一步强化对该地区的监视能力[2]。2016年1月,日航空自卫队将在那霸基地的F-15战斗机飞行队由1个增加到2个,F-15型机由原来的20架增加到40架,以加强对空中目标的应对能力[3]。日本的上述举动,使钓鱼岛海域形势变得更加严峻复杂。

三、演习及训练活动

日本自卫队实施的演习可以分为单军种及诸军种联合演习,日美联合训练及演习,多边联合军事演习。

(一)海上自卫队演习及诸军种联合演习

海上自卫队演习一般以系列方式进行,即先进行小规模舰艇编队演习,而后进行舰队合练,最后举行年度综合演习。海上自卫队演习通常以敌人破坏日本海上交通线为基本想定,主要演练反潜、护航等科目,其目的是全面提高部队的远洋综合作战能力。海上自卫队年度综合演习为乙级演习,于每年秋季举行,由海上自卫队联合舰队司令指挥,海上自卫队几乎所有的舰艇、飞机都要参演。另外,海上自卫队每隔5年举行一次由海上自卫队幕僚长为指挥的甲级

---

[1] 『空自・早期警戒機Ｅ２Ｃ 三沢から那覇への"お引っ越し" 「脅威」はソ連から中国へ』、産経ニュース、2014-11-21、http://www.sankei.com/premium/news/141121/prm1411210001-nl.html。

[2] 『陸自が初配備 沿岸監視隊駐屯地が開設』、毎日新聞、2016-3-28、http://mainichi.jp/articles/20160320/koo/me/010/153000c。

[3] 『第９航空団新編成 1500人体制 F-15は40機』、琉球新報、2016-1-31、http://ryukyuu.shimopo.jp/news/entry-213704.html。

大规模综合演习，主要进行反潜、扫雷、护航和海上防空作战等科目的演练，旨在检验舰队训练成果和战术水平，同时提高参谋指挥人员的指挥能力和部队的协同能力。

日本诸军种联合军事演习包括陆空、海空、陆海、陆海空联合军演四种，主要目的是提高三军的协同作战和指挥水平。1979年前，此类演习仅限于指挥所演习，没有实兵演练。自20世纪80年代起，实兵演习比重逐渐增加，并加入防灾、救援等科目。随着日本自卫队对作战协同日益重视，三军各自举行的年度综合演习逐渐都有其他军种参加，从而成为三军联合演习。这些演习一般每年各举行一次，历时半个月至一个月，主要演练师级规模的跨区机动作战和陆海空协同作战等内容。

（二）日美联合训练及演习

日本认为，通过合适时间、地点、规模的联合训练和演习，不仅能够加深日美战术层面的了解和沟通，提高自卫队的技战术水平和日美联合作战能力，还可以强化日美同盟关系，向外界传递日美目标一致或联合作战能力的信息，并向外界展示日美同盟整体的威慑力和应对力[1]。

日美联合指挥所演习。始于1988年，每年度举行一次。参加人员包括日海上自卫队参谋部、联合舰队司令部，美驻日海军司令部、太平洋舰队司令部、第7舰队司令部的有关参谋人员，地点设在美海军军官学院[2]。

日美实兵演习。主要涵盖扫雷、反潜、反导、医疗卫生等专业领域。日美联合扫雷演习始于1955年，是双方最早举行的联合演习，目前每两年举行一次。日美联合特别反潜演习始于1957年，每年举行4次，训练科目为反潜战[3]。2012年2月，日本海上自卫队与美海军在横须贺地区实施特别反导训练，旨在

---

[1] 日本防卫省：『平成29年版防衛白書』、2017年、http://www.mod.go.jp/j/publication/wp/wp2017/html/n2423000.html。

[2] 『海上自衛新聞』、2012年3月2日，转引自军事科学院《世界军事年鉴》编辑部：《世界军事年鉴》2013，解放军出版社，2014年，第590页。

[3] 『世界の艦船』、2012年4月号，转引自军事科学院《世界军事年鉴》编辑部：《世界军事年鉴》2013，解放军出版社，2014年，第590页。

提高反弹道导弹技战术水平和演练日美部队间的协同能力[1]。2018年3月，日本海上自卫队和美国海军"卡尔·文森"号航母编队在南海实施了联合巡航演练。6月，日本海上自卫队与"罗纳德·里根"号航母编队在关岛实施了联合巡航演练。8月，日本海上自卫队在关岛再次和美海军"罗纳德·里根"号航母编队实施了各种战术演练[2]。

日美三军联合演习。日美共同举行的诸军种联合演习一般规模较大、时间较长，其中影响较大的是"利刃"系列演习。该演习始于1986年，隔年举行一次，由日联合参谋部（综合幕僚监部）、美军太平洋司令部和驻日美军司令部联合组织实施。2016年10月至11月，日美在日周边海空域，自卫队基地和驻日美军基地，及关岛、北马里亚纳群岛及其周边海空域举行了综合实兵演习。

表17　2018年日美联合综合演习情况[3]

时　间	地　点	日本参演人员	美国参演人员	备　注
2018年2月16日、2月20日至23日	航空自卫队横田基地、春日基地及那霸基地、美海军横须贺基地	统合幕僚监部、自卫队司令部、金刚号护卫舰、航空总队司令部、第2及第5高射群	第7舰队司令部、舰艇多艘、其他	主要演练合作要领、提高运用能力

---

[1]　『世界の艦船』、2012年4月号，转引自军事科学院《世界军事年鉴》编辑部：《世界军事年鉴》2013，解放军出版社，2014年，第590页。

[2]　『平成30年版防衛白書』、2018年、ページ476。

[3]　日本防衛省：『平成30年版防衛白書』、2018年、http://www.mod.go.jp/j/publication/wp/wp2018/html/ns022000.html。

表18 2017～2018年的日美海上联合军演情况[①]

名　称	日　期	地　点	日参演兵力	美参演兵力	备　注
日美共同海外巡航演练	2017年4月23日至4月29日	西太平洋	舰艇2艘	舰艇数艘	各种战术训练
日美共同训练	2017年4月25日	本州岛北端的陆奥湾	舰艇1艘	舰艇1艘	各种战术训练
日美共同训练	2017年5月1日至5月3日	关东南至西南诸岛东	舰艇2艘	舰艇1艘	战术运动、海上补给等
日美共同海外巡航演练	2017年5月7日至5月10日	南　海	舰艇2艘	舰艇2艘	各种战术训练
日美共同训练	2017年5月18日	新加坡周边海域	舰艇2艘	舰艇2艘	各种战术训练
日美共同海外巡航演练	2017年5月26日至5月27日	南　海	舰艇2艘	舰艇1艘	各种战术训练
日美共同训练	2017年6月1日至6月3日	日本海及周边海空域	舰艇2艘	航空母舰等数艘舰载机数架	各种战术训练
日美共同训练	2017年6月3日至6月9日	日本海到冲绳东海域	舰艇2艘	航空母舰等数艘舰载机数架	各种战术训练
日美共同海外巡航演练	2017年6月13日至6月15日	南　海	舰艇2艘	航空母舰等数艘	各种战术训练
扫雷特别训练	2017年7月18日至7月30日	陆奥湾	舰艇16艘飞机12架	舰艇2艘飞机4架潜水员约10名	扫雷训练潜水训练
日美共同训练	2017年7月26日	日本海	舰艇2艘	舰艇1艘	反潜战训练
日美共同训练	2017年7月26日	陆奥湾	舰艇1艘	舰艇1艘	通信训练
日美共同训练	2017年9月6日至9月7日	东　海	飞机2架	飞机2架	情报交换训练

[①] 日本防衛省：『平成30年版防衛白書』、2018年。

续表

名称	日期	地点	日参演兵力	美参演兵力	备注
日美共同海外巡航演练	2017年9月11日至9月28日	关东南到冲绳周边海域	舰艇3艘	航空母舰等数艘	各种战术训练
日美共同海外巡航演练	2017年9月29日至10月1日	从冲绳周边到巴西兰海峡周边海空域	舰艇1艘	航空母舰等数艘	各种战术训练
日美共同海外巡航演练	2017年10月7日至10月16日	从巴西兰海峡经冲绳周边到九州北方海空域	舰艇1艘	航空母舰等数艘	各种战术训练
医疗特别训练	2017年10月17日	横须贺地方总监部浦G停车场、自卫队横须贺医院及横须贺美海军医院	横须贺地方总监部、自卫队横须贺医院、横须贺基地业务队人员约160名	美海军横须贺基地司令部、美海军横须贺医院等人员约350名	演练医疗领域联合行动要领
日美共同训练	2017年10月26日至11月12日	日本海、东海及冲绳周边海空域	舰艇3艘	航空母舰等数艘 舰载机2架	各种战术训练
日美共同海外巡航演练	2017年11月12日至11月16日	从日本海经东海到冲绳周边海空域	舰艇3艘	航空母舰等数艘 舰载机2架	各种战术训练
扫雷特别训练	2017年11月20日至11月30日	日向滩	舰艇22艘 飞机数架	舰艇1艘 飞机2架 潜水员约10名	扫雷训练 潜水训练
"多方航行2018"日美共同训练	2018年3月8日至3月14日	关岛周边海空域	舰艇1艘	舰艇4艘	防空作战训练、反舰作战训练、反潜战作战、射击训练等
日美共同训练	2018年3月19日至3月22日	东海	飞机2架	飞机2架	情报交换训练
日美共同海外巡航演练	2018年3月11日	南海北部海空域	舰艇1艘	航空母舰等数艘	各种战术训练

（三）日本与其他国家的双边演习及多边联合演习

近年，日本海上自卫队专门或结合访问、护航等任务，与澳大利亚、韩国、俄罗斯、印度等国开展了大量联合演习，并逐渐机制化。自2009年开始，日本海上自卫队与澳大利亚海军开展了代号为"太平洋联合"的系列联合演习，训练科目包括防空、战术机动等[①]；同年起，日本海上自卫队与澳大利亚海军还开展了联合反潜演习，科目为反潜战[②]；2013年10月，日本海上自卫队"卷波"号驱逐舰，还在赴澳大利亚悉尼参加澳舰队进驻悉尼港100周年纪念国际观舰式期间，参加了澳方主办的多国联合训练[③]。自1999年起，日本海上自卫队与韩国海军开展了联合搜救系列联合演习[④]。自1998年起，日本海上自卫队与俄罗斯海军开展了联合搜救系列联合演习，至2017年已经举行了17次[⑤]。自2001年9月第4次演习日本邀请亚太地区八国派观察员以来，日本一直致力于邀请其他外国派遣观察员参加。

除开展机制性双边联演外，日本海上自卫队还结合护航行动，与印度、斯里兰卡、马尔代夫等国海军开展了联合军事演习，演习科目涉及反潜战、反舰射击、登临检查、战术机动、通信等[⑥]。在2015年6月与菲律宾军队在巴拉望岛

---

① 『海上自衛新聞』、2013年6月21日，转引自军事科学院《世界军事年鉴》编辑部：《世界军事年鉴》2014，解放军出版社，2016年4月第1版，第605页。

② 『世界の艦船』、2013年12月号，转引自军事科学院《世界军事年鉴》编辑部：《世界军事年鉴》2014，解放军出版社，2016年4月第1版，第607页。

③ 『世界の艦船』、2013年11月号，转引自军事科学院《世界军事年鉴》编辑部：《世界军事年鉴》2014，解放军出版社，2016年4月第1版，第606页。

④ 『海上自衛新聞』、2013年12月20日，转引自军事科学院《世界军事年鉴》编辑部：《世界军事年鉴》2014，解放军出版社，2016年4月第1版，第607页。

⑤ 《俄日举行联合海上演习》，《参考消息》，2017-11-27，http://www.cankaoxiaoxi.com/mil/20171127/2244906.shtml；《俄罗斯舰队与日本海上自卫队将举行联合搜救演习》，中国新闻网，2017-11-14，http://www.chinanews.com/gj/2017/11-14/8376093.shtml。

⑥ 『海上自衛新聞』、2013年12月13日，转引自军事科学院《世界军事年鉴》编辑部：《世界军事年鉴》2014，解放军出版社，2016年4月第1版，第607—608页。2012年6月，日海上自卫队第11批护航编队，与印度海军实施联合演习（『海上自衛新聞』、2012年6月22日，转引自军事科学院《世界军事年鉴》编辑部：《世界军事年鉴》2013，解放军出版社，2014年11月第1版，第591页）。2013年12月，日本海上自卫队第16批护航编队，与印度海军实施联合训练，包括反潜战、反舰射击、登临检查、战术机动等，这是日印第2次、首次位印度洋实施的联合演练（『海上自衛新聞』2014年1月3日，转引自军事科学院《世界军事年鉴》编辑部：《世界军事年鉴》2014，解放军出版社，2016年4月第1版，第608页）。2013年1月23日，日海上自卫队第13批护航编队驱逐舰"夕雾"号和"卷波"号，位马尔代夫马累以东海域，与马尔代夫海岸警卫队实施联合训练（日本海上自卫队网站，2013年1月19日报道，转引自军事科学院《世界军事年鉴》编辑部：《世界军事年鉴》2014，解放军出版社，2016年4月第1版，第604页）。2013年5月22日，日本海上自卫队第14批护航编队驱逐舰"涟"号和"雾雨"号，位斯里兰卡以东的印度洋海域，与斯里兰卡海军实施联合训练（『世界の艦船』、2013年8月号，转引自军事科学院《世界军事年鉴》编辑部：《世界军事年鉴》2014，解放军出版社，2016年4月第1版，第605页）。

附近海域举行的一次空中联合演习中,日本首次派出一架P-3C反潜巡逻机参演,并且搭载菲军事人员一同飞行。对此,日本自卫队官员声称,此次训练将推进美国所期待的自卫队赴南海"巡逻",若把训练中使用的遇险船只替换为中国船只,"就成了警戒监视活动"[1]。

日本海上自卫队在积极筹划双边联演的同时,还积极参与各种多边联合演习。2018年1月至2月期间,日本海上自卫队参加了"金色眼镜蛇"多边联合演习,参加了反海盗行动、海外人员保护、人道主义救援等科目的指挥所演习和实兵演习。5月,"大隅"号运输舰参加了印度尼西亚举行的多边联合演练。"伊势"号直升机驱逐舰和"高波"级"凉波"号驱逐舰6月参加了在关岛举行的"马拉巴尔-2018"美日印三国联合军演。8月至10月参加了澳大利亚海军在达尔文港附近海域举行的多边联合训练("卡卡杜-2018")。日本自2015年开始正式派舰参加该联合演习。

自1980年起,日海上自卫队开始参加美国主导的"环太平洋"系列多边联合演习。近年来,随着该演习参加国家数量不断增加、演习科目不断调整,日本海上自卫队在其中的地位作用也不断变化,从最初的为美航母编队护航、向美舰提供补给,到担负日美联合舰队统一指挥,不断接近演习的核心。

种种迹象显示,近年来日本在南海的军事活动更多针对中国。2016年2月,日本P-3C反潜巡逻机在从吉布提基地回国途中前往越南,与越方进行联合演习。2017年6月,日本海上自卫队"出云"号直升机驱逐舰加入美海军"里根"号航母战斗群,在南海进行了为期3天的演习,期间测试了信息共享系统[2]。2018年8月,海上自卫队派遣"黑潮"号潜艇与航行在东南亚海域的"加贺"号直升机驱逐舰汇合,并于9月13日在南海进行了首次反潜训练[3]。日本以帮助南海周边有关国家能力建设为借口,有针对性地同菲、越、马等南海

---

[1] 《日菲军机抵近中国南沙礼乐滩边缘?称是救灾演习》,人民网,2015-6-24,http://military.people.com.cn/n/2015/0624/c172467-27198923.html。

[2] 《日本"出云"号陪同美军"里根"号航母在南海进行联演》,中国网,2017-6-21,http://wap.china.com/act/toutiao/13000655/20170621/30794995.html。

[3] 『「平和損なう」中国牽制海自の南シナ海訓練』、朝日新聞、2018-9-18、https://www.asahi.com/articles/DA3S13683690.html?iref=pc_ss_date。

声索国开展联合演练，实现了二战后向南海投送军事力量的历史性突破。

四、常态化应对弹道导弹行动

日本自卫队将弹道导弹防御分为两类：一类是对日本实施武力攻击的弹道导弹防御，对此日本自卫队将实施"防卫作战"；另一类是有弹道导弹等飞过日本上空，但并非对日本实施攻击，日本自卫队会根据情况实施弹道导弹摧毁措施。

日本政府认为，虽然国际社会近年来一直致力于防止弹道导弹或大规模杀伤性武器的扩散，但这种扩散依然没有得到遏制。特别是朝鲜持续在进行弹道导弹开发活动，对日本国家安全构成了严重威胁。"日本防卫大臣在认为弹道导弹等（航空器除外）可能会飞过日本上空，其落下可能对日本境内人身和财产造成损害的场合，经内阁总理大臣批准，向自卫队下达对日本领海及公海（包括专属经济区）上空的弹道导弹实施摧毁措施的命令。"[①]

据统计，日防卫省先后于2009年3月、2012年3月和12月、2013年4月、2014年4月、2016年1月和2月，7次公布弹道导弹摧毁措施令。2016年2月3日，鉴于朝鲜就导弹试射一事向国际海事组织进行了通报，日本防卫省公开发布了弹道导弹摧毁措施令。2016年8月3日，朝鲜通过移动发射架发射了一枚"劳动"型导弹，落入日本秋田县附近的专属经济区内。这是朝鲜自1993年进行导弹试射以来，首次有朝导弹落入日本专属经济区。2016年8月8日，日本防卫省以朝鲜导弹试射频繁、发射征候难以及时发现为由，决定实施持续有效的"常态化"摧毁措施命令，防卫省将会每3个月更新一次，从而对弹道导弹保持24小时应对态势[②]。

自2004年起，日本自卫队开始构建弹道导弹防御系统。目前，日本自卫队

[①] 『自衛隊法（昭和二十九年法律第百六十五号）』、第八十二条の三、電子政府の総合窓口、http://elaws.e-gov.go.jp/search/elawsSearch/elaws_search/lsg0500/detail?lawId=329AC0000000165&openerCode=1#305。

[②] 『北朝鮮ミサイル　破壊措置命令　常時発令へ』、毎日新聞、2016-8-5、https://mainichi.jp/articles/20160806/k00/00m/010/133000c。

弹道导弹防御系统主要包括侦察和打击两部分。侦察系统接收的信息有3个渠道，包括：美国的弹道导弹预警卫星、美国"萨德"系统TPY-2型雷达和日本的FPS-5和FPS-7对空雷达的情报信息。打击部队主要包括海上自卫队的"宙斯盾"驱逐舰配备的"标准-3"型导弹和航空自卫队的"爱国者-3"型导弹。

2007年12月18日，日本首艘具有弹道导弹防御能力的"金刚"号"宙斯盾"驱逐舰在夏威夷考艾岛实施了"标准-3"型导弹试射活动，成功在大气层外击中了弹道导弹模拟目标。再加上之前的"爱国者-3"型防空导弹，日本自卫队已经初步具备了独立的多层次弹道导弹防御体系。

五、海外用兵行动

在1954年自卫队成立之初，日本参议院即依据"和平宪法"，通过了《禁止自卫队海外行动决议》，规定"在自卫队成立之际，鉴于宪法条款和日本人民爱好和平的精神，本院再次确认自卫队不得实施海外行动"[①]。但是，从20世纪90年代开始，日本政府通过修改《自卫队法》、制定《联合国维持和平行动合作法》和《国际和平支援法》等法律，逐步突破"和平宪法"限制，不仅实现了海外用兵合法化，其对海外用兵的限制也越来越宽松。

（一）波斯湾扫雷

日本自卫队的首次海外派兵行动（不包括军事演习），要追溯到20世纪90年代的海湾战争。期间，尽管日本先后向以美国为首的多国部队提供了总额达130亿美元的资金援助，但海湾战争结束后，科威特在致世界各国感谢公告中并未提及日本的名字。西方舆论抨击日本为"纸上盟国""只出钱、不流汗"，美国也强烈要求日本做出"人的贡献"。

后来，日本政府在海外派兵方面找到了突破口。日本政府认为，《自卫队

---

① 清水隆雄：『自衛隊の海外派遣』、シリーズ憲法の論点⑦、2005年3月。

法》规定"海上自卫队根据防卫大臣的命令，对水雷及其它爆炸性危险物进行清除和处理"[①]，至于是否必须在"日本近海"执行任务并没有明确规定，因此海上自卫队赴波斯湾扫雷也是可以的。而且，波斯湾是日本重要的原油运输航路，扫雷行动是确保航行安全的行为，与武力行使和武力威胁不同，并不违反宪法[②]。1991年4月26日，日本政府做出了"关于向波斯湾派遣扫雷艇"的内阁决议，向海湾地区派遣的扫雷艇编队与以美国为首的多国部队一起执行扫雷任务，从而实现了海外派兵重大突破。

（二）参加联合国维和行动

波斯湾扫雷行动将日本国内关于"参与联合国维和是否违宪"的议论推向了高潮。1991年6月，日本政府向国会提交了《联合国维持和平行动合作法案》，规定自卫队除了可以对当时在海湾地区行动的多国部队实施后方支援行动外，还可以参加联合国维和行动及平民支援活动，但该法案未能在国会通过[③]。1991年9月，日本政府向国会提交了新的《联合国维持和平行动合作法案》，确定了自卫队参与联合国维和行动的"五项原则"，包括：（1）交战各方达成停战协议并生效；（2）取得冲突当事国的同意；（3）保证维持和平活动的公平与中立；（4）协议破裂时撤离；（5）在必要的最小限度内使用武器[④]。1992年6月15日，日本国会一致通过了《联合国维持和平行动合作法》和《国际紧急援助队派遣法修正案》，从而正式实现了自卫队海外派兵合法化。1992年9月至1993年9月，日本首次派遣自卫队参加联合国柬埔寨维和行动。

随着自卫队参与联合国维和行动次数的增多，日本关于自卫队行动的限制也日益减少。2001年11月，日本再次修改《联合国维持和平行动合作法》，解

---

① 『自衛隊法（昭和二十九年法律第百六十五号）』、第八十四条の二、電子政府の総合窓口、http://elaws.e-gov.go.jp/search/elawsSearch/elaws_search/lsg0500/detail?lawId=329AC0000000165&openerCode=1#305。
② 清水隆雄：『自衛隊の海外派遣』、シリーズ憲法の論点⑦、2005年3月。
③ 清水隆雄：『自衛隊の海外派遣』、シリーズ憲法の論点⑦、2005年3月。
④ 清水隆雄：『自衛隊の海外派遣』、シリーズ憲法の論点⑦、2005年3月。

除对自卫队参与联合国维和部队主体业务的冻结，包括：对冲突停止状况的监督以及对履行撤退、解除武装的监督；缓冲地带的驻扎、巡视；武器运输的检查；对废弃武器的处理；对划定停战线的援助；对交换俘虏的援助。2010年2月派遣自卫队参与海地维和行动，是日本政府首次未遵循上述"五项原则"规定参与的联合国维和行动。2015年9月，日本国会通过"和平安全法制"，规定自卫队员可以"驰援护卫"，使用武器营救遭武装集团袭击的联合国工作人员，并与他国军队联合开展"宿营地共同防卫"行动。

表19 日本自卫队参与联合国维和行动

任务名称	派遣地	派遣期间	派遣部队
联合国柬埔寨临时权力机构	柬埔寨	1992年9月至1993年9月	建设部队 600人 停战监视员 8人
联合国莫桑比克行动	莫桑比克	1993年5月至1995年1月	运输部队 48人 司令部要员 5人
联合国脱离接触观察员部队	戈兰高地	1996年2月至2013年1月	运输部队 43人 司令部要员 2人
联合国东帝汶支助团	东帝汶	2002年2月（建设部队3月）至2004年6月	建设部队 680人 司令部要员 10人
联合国尼泊尔支援团	尼泊尔	2007年至2011年1月	非军事停战监视员 6人
联合国苏丹特派团	苏丹	2008年10月至2011年9月	司令部人员 2人
联合国东帝汶综合特派团	东帝汶	2010年9月至2012年9月	军事停战监视员 2人
联合国海地稳定特派团	海地	2010年2月至2013年3月	
联合国南苏丹特派团	南苏丹	2011年11月至2017年5月 部队撤回	

（三）支援国际反恐行动

2001年"9·11"事件发生后，日本首相小泉纯一郎主持召开了"反恐对策阁僚会议"，提出"为了向美军针对恐怖主义采取的措施提供医疗、运输、补给等方面的援助活动，决定尽快采取派遣日本自卫队所需要的措施"。

在这种情况下，10月，日本国会相继通过了《反恐特别措施法》《自卫队法修正案》与《海上保安厅法修正案》，对《联合国维持和平行动合作法》规定的派兵条件做出多处突破：一是派兵范围扩大。将自卫队的活动范围扩大到了公海及其上空和"对方国同意的"外国领土。二是放宽自卫队在海外使用武器的标准。过去规定自卫队官兵只能在遇到人身危险时使用武器，新法案则规定只要自卫队保护或护送的人员遇到人身危险即可使用武器。三是派遣自卫队不必事前取得国会认可，首相向自卫队发出命令后20天内取得国会"事后承认"即可。

11月，日本政府派遣3艘军舰和700名自卫队员开赴印度洋，至2007年11月共向印度洋派遣了59艘次舰艇和约1.1万人次的自卫队员，支援美军在阿富汗战场的作战行动。

为支援美国主导下的伊拉克重建活动，日本国会于2003年7月通过了《支援伊拉克重建特别措施法》。该法实现了新突破：一是日本政府可自行决定向海外派兵；二是可向非战斗区派遣自卫队活动；三是担负的任务不再局限于人道主义援助。仅从2006年7月至2008年12月，航空自卫队共运送2.6万多人往来科威特与伊拉克，其中美军超过1.7万人，约占67%，加上多国部队中其他国家的战斗人员，运送的军事人员数量约占总人数的71%，其中联合国人道主义援助人员数量仅约占10%。航空自卫队不但允许多国部队人员携带武器登机，还运送了约4400件小型枪械和美军货物[1]。由此可见，日本航空自卫队在伊行动中人道主义援助活动所占比例甚微。

---

[1] 《文件显示日自卫队在伊拉克空中运输实为支援美军》，中国新闻网，2009-10-7，http://www.chinanews.com/gj/gj-qqjs/news/2009/10-07/1899212.shtml。

（四）修建海外基地

2008年6月，联合国安理会通过决议，授权外国军队在索马里政府同意的情况下可以进入索马里领海打击海盗及海上武装抢劫行为。2009年3月，日本防卫大臣发布"海上警备行动令"，开始派遣2艘驱逐舰执行护航任务，后又增派2架P-3C巡逻机。2009年6月，日本众议院通过了《应对海盗法》。2009年4月，日本与吉布提签订协议，在吉布提建立军事基地。

日本在吉布提的基地于2011年7月7日正式启用，位于吉布提安布利国际机场北侧，占地12公顷，包括司令部办公楼、兵营和P-3C空中巡逻机机库等设施，耗资约47亿日元。该基地驻扎兵力180人，每4个月轮换一次，其中100人来自海上自卫队，负责监视海盗和预警，50人来自陆上自卫队中央快反集团，负责机场据点的安全警戒。另外，还有30名保安警备及后勤服务人员。2013年8月27日，日本首相安倍晋三视察了该基地，并借此突出自卫队在反海盗及维护地区稳定方面的作用。

图15 日本在吉布提基地[①]

---

① Japan navy steps up war on Somalia piracy with base in Djibouti, *Greeska Afrika*, September 28, 2016, http://www.geeskaafrika.com/24989/japan-navy-steps-war-somalia-piracy-base-djibouti/.

吉布提基地启用以来，日本政府一直谋求扩展该基地功能，力图使其在打击海盗用途之外，具备应对中东、非洲地区恐怖活动的能力。2017年11月20日，日本政府与吉布提政府正式达成协议，将租赁基地东侧3公顷地方，以用于扩建基础军事设施。日本计划在扩建后的基地上部署从澳大利亚购买的"大毒蛇"装甲车和C-130"大力神"运输机。自此，日本在修建永久性海外基地的道路上又迈进了一步。

第五章
中日防务关系

中日两国隔海相望，是重要近邻。作为本地区有重要影响力的国家，中日双方应构筑良性互动的安全关系，在此基础上为地区安全治理发挥建设性作用。当前中日关系总体改善，但复杂脆弱的一面依旧，特别是政治互信尚需提升，管控风险和危机的压力始终存在，安全互信与交流对话仍受不利影响。近年来，日本海空兵力加强了对中国海空军舰艇和飞机的抵近跟踪监视活动，两国一线海空兵力在中国近海及西太平洋等地区的相遇不断增多。在两军舰机相遇时，频频发生跟踪与反跟踪、监视与反监视、双方危险接近，甚至战斗机发射干扰弹等行为。这些行动都容易引发误解误判，乃至海空危险事件。在此情况下，中日双方保持了一定数量的安全领域交流与对话，并在历经十年磋商后，正式启用海空联络机制，将两国防务和安全合作关系逐步导入正轨。

一、现有的中日安全交流与对话机制

近段时间来，中日两国领导人及军方高层开展了一些互动，形成了一些共识，这些活动都有利于两国关系的改善及地区和平与稳定。

（一）国家领导人会晤

2014年11月10日，中国国家主席习近平在北京会见来华出席亚太经合组织第二十二次领导人非正式会议的日本首相安倍晋三。习主席指出，希望日本继续走和平发展道路，采取谨慎的军事安全政策，多做有利于增进同邻国互信的

事，为维护地区和平稳定发挥建设性作用①。

2016年9月5日，习近平主席在杭州会见在华出席二十国集团领导人杭州峰会的安倍晋三首相。关于安全领域交流，双方均表示，两国防务部门海空联络机制对加强危机管控十分重要，希望双方加快磋商进程，争取早日达成并启动②。

2017年7月8日，习近平主席同安倍晋三首相在汉堡会面。双方同意共同加快启动两国防务部门海空联络机制③。这是两国领导人在中日邦交正常化45周年之际为推动两国关系朝着正确方向改善发展安排的重要活动，表明两国领导人不断致力于增进安全领域的交流与对话，推动"海空联络机制"这个具体的安全领域互信措施。

2018年5月，李克强总理访日，并与安倍晋三首相共同见证了两国海空联络机制备忘录的签署。双方同意设立海空联络机制，共同管控海上危机，使东海成为和平、合作、友好之海④。

2018年10月，安倍晋三首相对中国进行正式访问。访问期间双方达成一致，为避免日本自卫队和中国军队的偶发性冲突，推动海空联络机制运行，年内进行防卫安全部门的对话交流⑤。

（二）军方高层会晤

2015年5月，在新加坡举办的第14届香格里拉对话会上，中国人民解放军副总参谋长孙建国会见了日本防卫审议官德地秀士。孙建国表示，中方高度重视发展中日关系，希望双方继续开展防务交流合作，增进相互了解、管控矛盾危

---

① 《习近平会见日本首相安倍晋三》，新华网，2016-9-5，http://news.xinhuanet.com/world/2016-09/05/c_1119515029.htm。
② 《习近平会见日本首相安倍晋三》，中国新闻网，2014-11-10，http://www.chinaews.com/gn/2014/11-10/6764995.shtml。
③ Japan-China Summit Meeting, Ministry of Foreign Affairs of Japan, 2017-7-8, http://www.mofa.go.jp/a_o/c_m1/cn/page4e_000636.html。
④ 《李克强与日本首相安倍晋三共同会见记者》，中国政府网，2018-05-10，http://www.gov.cn/guowuyuan/2018-05/10/content_5289721.htm。
⑤ 『「競争から協調へ」日中首相「新段階」で一致』、日本経済新聞、2018-10-26、https://www.nikkei.com/article/DGXMZO36941740V21C18A0MM0000/。

机。德地秀士表示，双方在防务安全领域的合作对双边关系的发展是有益的[①]。

2015年11月，在马来西亚吉隆坡举行的第三届东盟防长扩大会上，中国国防部长常万全与日本防卫相中谷元举行了会谈，就尽早启用避免中日偶发性冲突的防卫部门间"海上联络机制"以及防务交流的重要性达成了一致。双方确认了避免冲突的重要性[②]。

2016年6月，在香格里拉对话会上，中央军委联合参谋部副参谋长孙建国会见了日本防卫审议官三村亨。孙建国表示，中方对开展两国防务交流一贯持积极态度，希望通过对话沟通，增进相互了解、管控矛盾分歧。三村亨回应称，日方重视日中防务领域各层次各领域交流合作，希望加强对话，推动早日建立日中海空联络机制，为构建日中战略互惠关系作出积极努力[③]。

2017年10月24日，在菲律宾举办的第四次东盟防长扩大会召开前，中国国防部长常万全与日本防卫相小野寺五典进行了短暂交流。围绕朝鲜的核导弹开发问题，常万全表示中国支持联合国安理会的制裁决议，小野寺对此表示赞赏。[④]

2018年10月20日，在新加坡举办的第五届东盟防长扩大会上，中国国防部长魏凤和会见了日本防卫相岩屋毅，双方确认了推进防卫交流的方针[⑤]。

（三）安全相关领域的机制性对话

1. 中日安全对话

中日安全对话是一个两国外交部副部长级的定期磋商，是两国外交、防务部门就安全事务沟通的重要渠道，迄今已举行15次，为增进两国安全领域理解

[①] 《孙建国副总参谋长会见日本防卫审议官德地秀士》，中国新闻网，2015-5-29，http://www.chinanews.com/mil/2015/05-29/7310846.shtml.

[②] 《日媒：中日防长时隔4年会谈确认避免冲突重要性》，中国新闻网，2015-11-6，http://www.chinanews.com/mil/2015/11-06/7609041.shtml.

[③] 《孙建国会见日本防卫审议官三村亨》，新华网，2016-6-4，http://news.xinhuanet.com/world/2016/06/04/c_1118990700.htm.

[④] 《东盟防长扩大会前中日防长会面》，日经中文网，2017-10-25，http://cn.nikkei.com/politicsaeconomy/politicsasociety/27570-2017-10-25-09-08-13.html.

[⑤] https://www.zaobao.com/news/china/story20181116-907997.

合作、改善发展两国关系发挥了建设性作用。2011年1月召开第12次安全对话后，该机制暂停了四年，直到2015年3月两国重启该对话机制。在第13次中日安全对话中，为缓和钓鱼岛紧张局势，避免偶发性冲突，双方确认将为启动海上联络机制加快相关工作进程[①]。其后，2016年11月和2017年10月分别在北京和东京举行了第14次和第15次中日安全对话。对话均由中国外交部部长助理孔铉佑和日本外务审议官秋叶刚男共同主持。双方就国际地区安全形势、各自安全政策和两国防卫交流合作等交换意见。双方同意继续保持安全防务领域的沟通与合作，妥善管控有关问题和分歧，推动中日关系进一步改善[②]。

2. 中日防务安全磋商

中日防务安全磋商始于1996年，通常由中国人民解放军副总参谋长或总参谋长助理和日本防卫省事务次官级别率团出席，由双方轮流主持。该磋商是双方加强防务交流、增进防务安全互信的重要平台。双方通常会就国际和地区安全形势、国防政策与军队建设、两国防务部门以及其他双方共同感兴趣的问题交换意见。从1996年至2008年，双方共举行了八次防务安全磋商。

2011年7月26日，第九次中日防务安全磋商在东京举行，中国人民解放军副总参谋长马晓天空军上将与日本防卫省事务次官中江公人分别带队。双方就地区安全形势、两国防务领域交流等问题交换了意见。双方都表示重视发展中日战略互惠关系，同意继续加强两国防务部门在双边和多边领域的交流与合作，推动早日建立两国防务部门海上联络机制，共同维护东海稳定[③]。其后，由于日方实行所谓钓鱼岛"国有化"，该机制中断至今。

---

① 《外媒：时隔四年重启安全对话 日方关注中方姿态》，参考消息网，2015-3-20，http://www.cankaoxiaoxi.com/china/20150320/712491.shtml。

② 《中日举行第十四次安全对话》，新华网，2016-11-28，http://news.xinhuanet.com/politics/2016-11/28/c_129382038.htm。《第十五次中日安全对话举行》，人民网，2017-10-29，http://world.people.com.cn/n1/2017/1029/c1002-29614403.html。

③ 《第九次中日防务安全磋商在东京举行》，新华网，2011-7-26，http://www.gov.cn/jrzg/2011-07/26/content_1914239.htm。

3. 中日海洋事务高级别磋商

中日海洋事务高级别磋商是两国就海上各方面问题与合作交换意见的司局级综合性对话机制。从2012年至2018年已经进行九轮。磋商的运行方式包括全体会议和机制下设的政治法律、海上防务、海上执法与安全及海洋经济四个工作组，其中海上防务工作组与中日安全对话交流密切相关。

中日海洋事务高级别磋商的第一轮磋商于2012年5月在中国杭州举行。双方同意加强中日各方面海上问题的对话与交流，增进了解与互信，推动务实合作，管控矛盾，妥善处理有关问题[1]。在中断了两年后，第二轮磋商于2014年9月在中国青岛举行。双方就海空危机管控等问题交换了意见[2]。之前在2014年4月举行的西太平洋海军论坛会议上，中日两国共同批准了《海上意外相遇规则》（CUES）。在2015年1月举行的第三轮磋商中，双方同意早日启动防务部门海空联络机制[3]。2015年12月至2018年4月举行了第四轮至第九轮磋商，双方同意加快中日防务部门海空联络机制磋商进程[4]；为尽早启动运行防务部门海空联络机制继续做出努力[5]；并同意进一步推进防务交流[6]。

4. 中日海空联络机制专家组磋商

中日海空联络机制是两国防务部门为预防海空一线兵力发生摩擦或冲突而建立的危机管控机制（2015年之前称中日海上联络机制）。在新中国成立后的一个较长时期内，中日之间海空军事互动非常少。但是到20世纪末，随着中国海空兵力穿越日本列岛众多海峡水道进出西太平洋的次数逐渐增多，以及中日

---

[1] 《第一轮中日海洋事务高级别磋商在浙江杭州举行》，中国政府网，2012-5-16，http://www.gov.cn/jrzg/2012-05/16/content_2138937.htm。

[2] 《中日重启海洋事务高级别磋商》，中国政府网，2014-9-24，http://www.gov.cn/xinwen/2014-09/24/content_2755801.htm。

[3] 《中日举行第三轮海洋事务高级别磋商》，新华网，2015-1-22，http://news.xinhuanet.com/world/2015-01/22/c_1114097450.htm。

[4] 《中日举行第五轮海洋事务高级别磋商》，中国政府网，2016-9-15，http://www.gov.cn/xinwen/2016-09/15/content_5108727.htm。

[5] 《中日举行第六轮海洋事务高级别磋商》，中国政府网，2016-12-10，http://www.gov.cn/xinwen/2016-12/10/content_5146073.htm。

[6] 《中日举行第七轮海洋事务高级别磋商》，中华人民共和国外交部网站，2017-6-30，http://www.fmprc.gov.cn/web/wjbxw_673019/t1474441.shtml。

之间由于钓鱼岛主权争端和东海海域划界争端的升温，日本开始对中国海空兵力频繁抵近跟踪、监视和侦察，两国一线海空兵力在东海及西太平洋等地区的相遇及互动不断增多。近年来，日本舰机对中国海空军在东海正常活动的舰艇和飞机实施长时间、近距离的跟踪监视，日军机多次低空盘旋并飞越中国舰艇上空，双方之间甚至发生了火控雷达照射、发射干扰弹等危险行动。这些危险的军事互动严重危及双方舰艇、飞机和人员的安全，极易引发海空意外事故。

2007年4月，中国国务院总理温家宝访问日本，与安倍晋三首相就建立海上联络机制达成共识，发表的《中日联合新闻公报》宣布"两国国防部门之间筹备建立联络机制，防止海上发生不测事态"。建立中日海空联络机制的目的，就是为了防止双方海空一线兵力发生意外冲突，并对海空突发事件进行有效处置，防止意外事件升级为军事冲突。该机制功能上主要突出"危机预防"和"危机处置"。

从2008年4月至2012年6月，双方进行了三轮磋商。在第三轮磋商中达成三点共识：第一，设置防卫部门之间的热线；第二，统一舰艇和飞机在现场联络的无线电频率和语言；第三，防务部门定期开展交流[①]。之后受日本政府钓鱼岛"国有化"举措的影响，中日双边关系与政治互信遭到极大损害，建立联络机制的进程也因此停滞。直到2014年11月的中日首脑会谈上双方再次确认了建立该联络机制的必要性。

2015年1月，第四轮专家组磋商在日本东京重启。双方达成了四个方面的共识：一是确认了此前双方就机制达成的各项共识，主要包括机制的目的、构成、运行方法以及相关的技术规范；二是双方同意将机制名称由"海上联络机制"更改为"海空联络机制"，这将有利于双方就海上和空中安全问题进行交流磋商；三是双方认为海空联络机制启动运行的基本技术条件已经具备，同意尽早启动该机制；四是就完善通信规则达成共识[②]。

[①] 《日媒称中日12日将就海上联络机制重启磋商会议》，环球网，2015-1-9，http://world.huanqiu.com/exclusive/2015-01/5371247.html。

[②] 《国防部例行记者会 杨宇军回答记者提问》，中华人民共和国国防部网站，2015-1-29，http://www.mod.gov.cn/jzhzt/2015-01/29/content_4621265.htm。

此后建立该机制的进程再次遇到障碍，主要在于双方在关于该机制的适用海域问题上难以达成一致。日方提出的方案主张领海、领空不在机制适用范围[①]。日本政府认为，如果把领海、领空纳入适用范围，可能会给中国传递"中国军舰或军机即使侵入'尖阁诸岛'（即中国钓鱼岛及其附属岛屿）海域，只要与日本进行联络就可以"的错误信息[②]。日方的这一方案遭到中方的拒绝[③]。中方多次表态："中方高度重视建立中日海空联络机制，我们希望日方尽早排除有关谈判障碍，与中方相向而行，争取早日启动和运行该机制。"[④] 直到2017年12月，中日双方在海洋事务高级别磋商中达成共识，就适用范围"将朝着不划定'领海'内外明确界限的方向进行协调"[⑤]。

2018年5月，中国国务院总理李克强对日本进行正式访问。两国防务部门签署了海空联络机制备忘录，确定于6月8日启用该海空联络机制。历经11年的谈判终于划上句号。

二、一段时期以来的中日海空危险互动

当前中日海空军事互动主要发生在东海和西太平洋。由于历史问题、中日钓鱼岛主权和东海海域划界争端，以及中国与日美军事同盟之间的结构性战略矛盾，中日军事互信程度较低。反映在双方海空军事力量相遇时，视彼此为潜在的对手，良性互动的意愿较弱。

第一，由于日本反对中国东海防空识别区产生的中日海空危险互动。

日本于1969年开始实施防空识别区制度。在东海方向，日本防空识别区最

[①] Can Japan and China Ever Finish Their Maritime Communication Negotiations?, the Diplomat, November 12, 2015, https://thediplomat.com/2015/11/can-japan-and-china-ever-finish-their-maritime-communication-negotiations/.

[②] 『対中軍事危機管理（信頼醸成）メカニズムの現状 －日米の視点から－（その１）"』、海上自衛隊幹部学校、2016-7-11、http://www.mod.gp.jp/msdf/navcol/SSG/topics-column/039.html。

[③] Can Japan and China Ever Finish Their Maritime Communication Negotiations?, the Diplomat, November 12, 2015, https://thediplomat.com/2015/11/can-japan-and-china-ever-finish-their-maritime-communication-negotiations/.

[④] 《国防部例行记者会 吴谦回答记者提问》，中华人民共和国国防部网站，2016-8-25，http://www.mod.gov.cn/shouye/2016/08/25/content_4719412_3.htm。

[⑤] 《日媒：中日就避免海上冲突达共识 联络机制大获进展》，中华网，2017-12-08，https://military.china.com/important/11132797/20171208/31782996_all.html。

近距中国浙江省海岸线仅130千米，甚至覆盖中国领土钓鱼岛和中国在东海的油气设施。2010年，日本防卫省将原来止于与那国岛上空的防空识别区扩大至该岛以西的领空外侧2海里，更加靠近中国台湾岛。当中国航空器进入日本防空识别区，日本航空自卫队一般会紧急升空战斗机，对中国航空器实施跟踪监视，并采取应对措施。

2013年11月23日，中国政府划设东海防空识别区，发布"东海防空识别区航空器识别规则"，规定位于东海防空识别区飞行的航空器，必须向中国外交部或民用航空局通报飞行计划，对不配合识别或者拒不服从指令的航空器，中国武装力量将采取防御性紧急处置措施。日本政府随即宣布不能接受中国划设的东海防空识别区。当日，中国空军一架运-8飞机遂行东海防空识别区巡逻任务时，遭遇日航空自卫队2架F-15战机抵近跟踪监视，日机距中方飞机最近距离仅10米左右[①]。

第二，双方严重缺乏军事互信产生的海空危险互动。

2013年，发生了日方声称的中国舰艇使用火控雷达照射日本海空兵力事件。日本防卫大臣小野寺五典宣称，1月19日，在东海海域，中国海军1艘"江凯"级护卫舰（054型）使用防空导弹照射雷达照射从与之对峙的日本海上自卫队"大波"号驱逐舰起飞的反潜直升机；1月30日，中国海军1艘"江卫Ⅱ"型（053H3G型）护卫舰在与日本海上自卫队驱逐舰"夕立"号对峙时，也将火控雷达对准日舰实施照射，双方间距仅3千米。小野寺五典说，日本护卫舰当时就拉响了战斗警报，这是迄今为止两国水面军事力量之间从未发生过的事，稍有差池就会发展成非常危险的状态。针对此事，中国国防部回应日方的说法完全不符合事实。中方指出，长期以来日方对中方舰机近距离跟踪监视和干扰，危害了中方舰机安全，才是造成中日海上安全问题的根源。[②]

火控雷达是舰艇或飞机上安装的为火炮和导弹发射提供目标信息和指引

---

① 2014年5月国防部例行记者会，中国国务院新闻办公室，2014-05-30，http://www.scio.gov.cn/xwfbh/gbwxwfbh/xwfbh/gfb/Document/1371758/1371758.htm。

② 2013年2月国防部例行记者会，中国国务院新闻办公室，2013-03-01，http://www.scio.gov.cn/xwfbh/gbwxwfbh/xwfbh/gfb/Document/1291496/1291496.htm。

的雷达设备，将其对准对方舰艇或飞机发射电磁波，意味着舰上火控系统已经启动并瞄准目标，可以随时进行发射火炮或导弹攻击目标。火控雷达照射是一种敌对意味很浓的行为，在冷战时美苏的水面舰艇在近距离对峙中曾经发生过类似情况。战斗机使用的干扰弹是用来诱骗敌方导弹脱离真实目标的防御性装备。军舰和飞机使用火控雷达瞄准对方或发射干扰弹，在和平时期确实是一种非常危险的行为，这很有可能导致双方误解、误判和误击。

第三，钓鱼岛附近海空对峙引发的危险互动。

2012年9月11日，日本政府宣布将钓鱼岛"收归国有"，引发中国政府强烈抗议，中国政府公务船开始在钓鱼岛海域实施常态化执法巡航，不定期进入钓鱼岛领海巡航。对此，日本自卫队和海上保安厅不断强化对中方船舶和飞机的应对力度。2012年12月，日本海上保安厅设立钓鱼岛"警备专属部队"，2016年4月，又组建包括12艘大型巡视船的钓鱼岛"专属部队"，应对中国公务船。同年6月，日本政府明确表示日本将坚决阻止中国军舰进入钓鱼岛周边12海里，日本政府高层还称这是"决不能退让的底线"①。

2012年12月13日，中国国家海洋局1架Y-12型飞机赴钓鱼岛空域实施执法巡航，日航空自卫队随即派8架F-15型战斗机和1架E-2C型预警机实施应对。2016年6月9日，中国海军的一艘护卫舰驶进钓鱼岛毗连区附近海域，日本海上自卫队出动军舰与中国军舰进行了对峙。2018年1月，日本"大淀"号护卫舰和"大波"号驱逐舰在钓鱼岛赤尾屿毗连区附近海域对正常航行的中国军舰"益阳"号护卫舰和一艘潜艇实施了跟踪监视。

三、中日海空联络机制在推动两国防务关系中的积极作用

中日海空联络机制是一个防务领域的技术层面危机管控安排，主要作用是避免危险事件的发生，并不涉及目前中日之间领土主权和海域划界争端的解决。根据日本防卫省和日媒报道，中日海空联络机制主要有三项内容：设立防

---

① 《日本展现强硬姿态 拟全力阻止中国军舰进入"领海"》，《中国日报》中文网，2016-06-20，https://top.chinadaily.com.cn/2016-06/20/content_25768371.htm。

务部门之间的直接通信规则；设立防务部门之间的热线；相互主办一年一度的会议。

第一项内容，作为西太平洋海军论坛的成员国，中国海军和日本海上自卫队一直都基于自愿原则执行《海上意外相遇规则》。目前的海空联络机制在技术层面应与《海上意外相遇规则》相一致。当前双方舰艇和飞机在海上和空中可以利用无线电进行直接通信。通过确认双方行动的意图，为双方如何避免碰撞、摩擦等海上意外事件提供必要的指导。

2018年9月和10月，中日军舰两次在南海相遇，双方舰艇进行了通信。可以推测，中日海空联络机制中的舰机沟通联络功能已经正式启用，并为双方防止海空危险事故发挥了实际的效用。

第二项内容，两国防务部门之间年内将开设联络的热线。这将是继中国与俄罗斯、美国、越南和韩国之后，与第五个国家建立的防务部门之间直通电话。利用直通电话（热线），两国防务部门的高层可以进行常态化沟通，交流政策意图，促进政策层面的互相了解，发挥管控危机的作用。

第三项内容，两国防务部门将每年轮流主办一次专门会议，2018年将召开首次会议。年度会议可能将回顾和评估海空联络机制的实施情况，商讨未来可能的修订和完善。

中日海空联络机制的建立和启用体现了两国管控分歧和危机的意愿。对于两国来说，岛礁主权和海域划界争端短期内难以解决，目前最重要的是保持克制并避免发生损害两国关系和影响地区安全的意外事件乃至武装冲突，这是两国的现实和明智选择。

四、中日防务关系当前面临的障碍及未来展望

中日防务关系近年来虽然取得一定进展，但水平依然较低。究其原因，主要包括历史问题、领土主权争端、日本视中国为战略对手等三大原因。

第一，日本长期以来在历史问题上的错误认识和行动极大恶化了中日发

展防务关系的氛围。历史问题是事关中日关系政治基础的重大原则问题。近年来，日本右翼势力否定、美化侵略战争历史的活动仍时有发生。在2015年8月14日安倍晋三发表的战后70周年谈话中，回避了直接表达"反省""道歉"之意，同样没有直接提到日本的侵略和殖民行为，并称日本今后无需继续道歉。

第二，钓鱼岛领土主权争端的凸显是当前中日防务关系的现实障碍。自1972年两国邦交正常化过程中，两国领导人达成搁置争议的共识以后，钓鱼岛问题并没有成为中日关系的主要障碍。但是在2012年9月10日，日本政府对钓鱼岛公开实行所谓"国有化"，使中日之间的这一矛盾凸显出来。日方出动海上保安厅、自卫队的舰艇和飞机对中国在钓鱼岛海域的巡航活动进行非法干涉，导致钓鱼岛附近的海空形势呈持续紧张态势。

第三，日本涉华消极的防卫政策是妨碍两国防务关系良性发展的直接原因。日本在《2014年度以后的防卫计划大纲》中，大力突出"中国军事威胁"，称中国军费"持续保持大幅增长"，"军事不透明"海空活动"急速扩大化与活跃化"，"试图以实力改变现状"，以及中国的军事动向"成为影响地区和世界安全的隐患"等。日本还在历年发布的《防卫白皮书》中，歪曲中国正当合理的国防和军队建设，指责中方在南海"所进行的活动，是单方面的试图改变现状和进一步推进既成事实化进程的行为"。[①]并且将中国军队在钓鱼岛附近海域内的巡航等活动说成是侵入[②]。这为中日安全交流与对话防务关系的发展带来负面影响。

中日作为本地区有重要影响力的国家，同时又是域内第一、第二大经济体，应构筑良性互动的防务关系，推动区域安全合作向前发展，并为地区及全球安全治理发挥建设性作用。中国始终坚决反对霸权和军事扩张，主张共同安全、综合安全、合作安全、可持续安全的亚洲安全观。日本应理性客观看待中国军力发展，把重点放在增进两国安全互信上，而不是放在质疑和指责上。未

[①] 日本防衛省：『平成30年版防衛白書』、2018年、ページ51。
[②] 日本防衛省：『平成30年版防衛白書』、2018年、ページ47。

来双方应继续加强沟通协调，共同推动两国防务关系良性发展。

一是坚持和平发展，尊重彼此重大关切。战后日本确定的和平发展道路，是日本从战败国地位恢复并得以发展最重要的政治基础。中日双方都要坚定不移走和平发展道路，共同维护和平稳定的外部环境。中日已就"互为合作伙伴、互不构成威胁""相互支持对方的和平发展"达成共识，这不应停留在纸面，而要入脑入心，体现到政策上，落实到行动上。只有这样，中日安全交流与对话才有根本保证。对于涉及安全利益的问题，双方要尊重彼此重大关切，慎重行事。

二是加强对话交流，增进安全互信。双方要充分发挥现有渠道作用，进一步加强安全对话交流。双方应继续开展外交及防务部门之间的安全对话，以对话促合作，增进互信。两国防务和海上执法部门也可通过各自渠道开展交流，探讨在海上反恐、反海盗、海上搜救、人道主义救援与减灾、渔业管理、海洋科学研究和海洋环境保护等非传统安全和低敏感领域的务实合作。双方要做好舆论引导，释放积极信息，营造有利于安全互信的政治和民意环境。

三是加强危机管控，防止海上不测事件的发生。日方应正视中国海空兵力在东海和西太平洋海空域的正当活动权利，停止采取抵近监视侦察等干扰中国舰艇飞机的行动，避免危及双方舰艇、飞机和人员的安全。双方应落实执行防务部门海空联络机制，有效管控危机，缓解战略猜疑，推动建立军事互信，构筑良性互动的安全关系。

四是共同推进多边安全互动，塑造符合大多数国家利益的安全机制。中日双方要坚持发扬亚洲国家长期以来形成的相互尊重、协商一致、照顾各方舒适度的"亚洲方式"，加强各项机制协调。中日可通过共同运用有关机制和平台，寻求传统和非传统安全领域合作，提出可行倡议或路径，为维护地区和世界和平稳定发挥应有作用。

著者说明

因出版时间所限，本书中的部分附图未能联系到版权方。请版权方见到此书后与我们联系，以便付酬。

中国南海研究院

2018 年 12 月